"十四五"职业教育国家规划教材

汽车配件营销与管理

主　编　夏志华
副主编　郭　玲　汲羽丹　车万华
参　编　刘　成　李广龙
主　审　刘　锐

北京理工大学出版社
BEIJING INSTITUTE OF TECHNOLOGY PRESS

版权专有　侵权必究

图书在版编目（CIP）数据

汽车配件营销与管理/夏志华主编． —北京：北京理工大学出版社，2019.7(2023.8重印)

ISBN 978-7-5682-7264-3

Ⅰ. ①汽… Ⅱ. ①夏… Ⅲ. ①汽车-配件-市场营销学-高等学校-教材 Ⅳ. ①F766

中国版本图书馆 CIP 数据核字（2019）第 146342 号

出版发行 / 北京理工大学出版社有限责任公司	
社　　址 / 北京市海淀区中关村南大街 5 号	
邮　　编 / 100081	
电　　话 / (010) 68914775（总编室）	
(010) 82562903（教材售后服务热线）	
(010) 68944723（其他图书服务热线）	
网　　址 / http://www.bitpress.com.cn	
经　　销 / 全国各地新华书店	
印　　刷 / 三河市天利华印刷装订有限公司	
开　　本 / 787 毫米 × 1092 毫米　1/16	
印　　张 / 14.25	责任编辑 / 多海鹏
字　　数 / 360 千字	文案编辑 / 孟祥雪
版　　次 / 2019 年 7 月第 1 版　2023 年 8 月第 4 次印刷	责任校对 / 周瑞红
定　　价 / 49.00 元	责任印制 / 李志强

图书出现印装质量问题，请拨打售后服务热线，本社负责调换

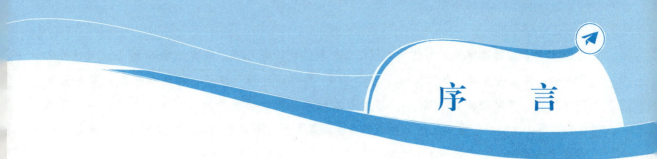

序 言

汽车工业的水平综合反映一个国家的工业水平，截至 2019 年 6 月我国汽车保有量已突破 2.5 亿辆，汽车工业占 GDP 的比重持续提高，毫无疑问，汽车产业作为国民经济支柱产业的重要性日益增强。

近年来，在新一轮科技革命风起云涌的当下，全球汽车行业正迎来全新变量，汽车产业正在步入智能网联时代，不仅是新能源汽车带来的全新的产品前景，大数据、云计算、人工智能技术的深度融入，成为汽车产业加快转型升级的主要动力，全球汽车行业从思维理念到商业模式都发生着巨大变化，对汽车营销服务行业从业人员的素质提出了更高要求。

汽车科技的提升，汽车产业的社会化、规模化、集团化、网络化，使得汽车人才需求尤为突出，有报告预计未来五年汽车专业人才需求位居社会总体需求前五名，汽车从业人员需求量将达到 5 000 万，汽车从业行业人才缺口巨大，人才网和国家人事部先后把汽车类专业人才列入紧缺人才、急需人才。

这套"汽车服务营销国家教学资源库配套教材"的产生，适应了汽车行业的变化及对汽车服务营销人才需求的变化。同时，适应教育部职业教育专业教学资源库建设目标及要求。

根据资源库建设"国家急需、全国一流、面向专业"的要求，本套教材以落实立德树人为根本任务，积极培育和践行社会主义核心价值观，突出职业教育的类型特点，是全国 13 所高职院校，联合深圳中诺思等 10 家教育服务公司和宝马、大众、北汽等 10 大汽车品牌经销商"双元"合作开发的结果。

本套教材内容符合国家 2019 年颁布的汽车营销与服务专业教学标准，涵盖了基础知识和拓展知识，有利于教师分层教学和学生自主学习。同时，本套教材基于职业教育专业教学资源库，结合国家专业标准设计课程体系及知识技能点，开发目标是基于但是高于基本教学标准及教材标准。依托强大的专业教学资源库，本套教材充分体现了信息技术的优势，配备有丰富的教学资源。

自 2015 年起，在资源库平台建设了 20 门专业课程，每门课程都包含完整的教学内容和教学活动，包括教学设计、教学过程记录、教学评价等环节，建有试卷库36个，考试样卷268套。共上传文本、PPT演示文稿、图形/图像、音频、视频、动画和虚拟仿真等资源29 632个，基本资源26 910个，覆盖专业所有基本知识点和岗位基本技能点；拓展资源2 722个，体现行业发展的前沿技术和最新成果，集合专业领域全国不同地域特点和技术特色的优质资源。目前已经有6门课程被认定为省级精品在线开放课程。

资源库平台资源免费开放，各类用户可自由注册，进行自主学习；提供多终端的资源检索、资料下载、教学指导、学习咨询、讨论答疑，支持个人自学、学历教育、职业培训与认证，用户产生行为日志2 030万条，其中，检索资源109.9万次、浏览课程424.9万次、互动提问67.1万次、作品提交22.4万次、自测和考试8.5万次。为学生、教师、行业企业人员、社会学习者等各类用户，提供了PC终端和移动终端，实现了将"将课程放在桌面上，将课堂放在口袋里"的"云+端"环境，提供了资源检索、信息查询、资料下载、教学指导、学习咨询、讨论答疑、就业支持等服务。

后面，将根据产业升级情况以及专业教学资源库更新情况，持续更新教材。

本套教材充分体现了混合式教学法的设计思路：

本套教材经过3次审纲研讨会，不断完善，形成了混合式教学法的设计思路，与资源库平台课程配套，将课程教学分为课前、课中、课后三部分。课前教师组织教学材料、分发任务、学生完成测试、线上提出问题。课中学生问题反馈、小组互动、教师重难点问题讲解、任务实施、布置作业。课后强化盲点、完成作业、作品展示。

在中国汽车工程学会的大力支持下，来自京津地区、珠三角地区、长三角地区、东北地区、中部地区、西南地区等中国6大汽车产业集群所在地的9所国家示范性（骨干）高职院校参与教材编写，分别是湖南汽车工程职业学院、四川交通职业技术学院、淄博职业学院、长春汽车工业高等专科学校、常州机电职业技术学院、黄冈职业技术学院、浙江交通职业技术学院、云南交通职业技术学院、吉林交通职业技术学院。

经过编委会审定，本套教材能够满足高等职业教育汽车营销与服务专业、汽车运用与维修技术专业、汽车检测与维修技术专业的教学需要，也能够满足汽车从业人员终身职业教育的学习需要。

丛书编委会

前　言

随着我国汽车保有量的增加，汽车服务售后市场不断扩展与繁荣。而与此相对应的汽车配件日益成为人们关心的话题，被汽车行业各领域以及消费者所重视。

为贯彻落实党的二十大精神，基于当前经济社会对汽配人才的需要，根据实体经济为国家经济发展着力点的强国战略，体现立德树人的根本目的，教材充分体现汽车配件产业的最新职业发展趋势和岗位要求。

本书涵盖的是汽车后市场服务行业岗位所需的专业素养，具有汽车行业通识性。它主要以汽车4S店配件部门和汽车配件经销店的工作场景为载体，遵循理论教学为技能培训服务的宗旨，在教学环节中培养学生的动脑思考能力和实际操作能力。教学过程中综合运用任务驱动法、现场训练法、案例教学法和小组合作教学法等多种教学方法，全面落实课程目标。

本书的教学内容分为汽车配件行业经营管理概述、汽车配件市场调查、汽车配件采购、汽车配件仓储管理、汽车配件销售、汽车配件售后服务管理、汽车配件营销策略及汽车配件计算机管理八个项目。课程教学的关键是完成汽车配件销售、进货管理和库存管理的实践教学，在教学过程中，要把教师示范和学生训练互动、学生提问与教师解答、学生竞赛与教师评价指导有机结合起来。在教学过程中让学生把学到的汽车配件专业管理和营销知识真正落到实际的综合实训能力中，增强理论与实践的紧密结合。

本书是国家职业教育《汽车技术服务与营销》专业教学资源库的配套教材，通过教材可以实现线上与线下的教学互动与行业延伸，打开课堂教学与课后学习的通道，达到大量丰富教学资源通过网络信息化得以共享的目的。同时，教材将理论知识学习与技能提升紧密结合起来，既可以满足在校学生学习提高技能的要求，全面培养综合素质，又可以满足社会人士提升客户关系理论素养的要求。

本书由吉林交通职业技术学院的夏志华担任主编，吉林交通职业技术学院的郭玲、汲羽丹和车万华担任副主编，吉林交通职业技术学院的刘成和北京交通运输职业学院的李广龙参与编写。其中夏志华编写了项目三的内容，郭玲编写了项目五和项目六的内容，汲羽丹编写了项目二和项目八的内容，车万华编写了项目四的内容，刘成编写了项目一的内容，李广龙编写了项目七的内容。本书由吉林交通职业技术学院的刘锐担任主审。

本书在编写及资源库建设过程中得到了长春通立冠宝汽车销售服务有限公司的大力支持，在此表示诚挚感谢！由于时间仓促，加之编者水平有限，书中疏漏之处在所难免，恳请广大读者批评指正。

编　者

二维码内容资源获取说明

Step1：扫描下方二维码，下载安装"微知库"App；

Step2：打开"微知库"App，单击页面中的"汽车营销与服务"专业。

Step3：单击"课程中心"选择相应课程。

Step4：单击"报名"图标，随后图标会变成"学习"，单击学习即可使用"微知库"App进行学习。

PS：下载"微知库"App并注册登录后，直接使用App中"扫一扫"功能，扫描本书中二维码，也可直接观看相关知识点视频。

安卓客户端

iOS 客户端

目　　录

项目一　汽车配件行业经营管理概述 ⋯⋯⋯⋯⋯⋯⋯⋯⋯⋯⋯⋯⋯⋯⋯⋯⋯⋯⋯ 001
　　任务1-1　国内汽车配件行业经营现状 ⋯⋯⋯⋯⋯⋯⋯⋯⋯⋯⋯⋯⋯⋯⋯⋯ 002
　　任务1-2　我国汽车零部件行业发展趋势分析 ⋯⋯⋯⋯⋯⋯⋯⋯⋯⋯⋯⋯⋯ 012

项目二　汽车配件市场调查 ⋯⋯⋯⋯⋯⋯⋯⋯⋯⋯⋯⋯⋯⋯⋯⋯⋯⋯⋯⋯⋯⋯⋯ 019
　　任务2-1　汽车配件市场调查内容和方法 ⋯⋯⋯⋯⋯⋯⋯⋯⋯⋯⋯⋯⋯⋯⋯ 020
　　任务2-2　汽车配件市场调查程序 ⋯⋯⋯⋯⋯⋯⋯⋯⋯⋯⋯⋯⋯⋯⋯⋯⋯⋯ 026

项目三　汽车配件采购 ⋯⋯⋯⋯⋯⋯⋯⋯⋯⋯⋯⋯⋯⋯⋯⋯⋯⋯⋯⋯⋯⋯⋯⋯⋯ 035
　　任务3-1　汽车配件日常采购工作 ⋯⋯⋯⋯⋯⋯⋯⋯⋯⋯⋯⋯⋯⋯⋯⋯⋯⋯ 036
　　任务3-2　汽车配件供应商管理 ⋯⋯⋯⋯⋯⋯⋯⋯⋯⋯⋯⋯⋯⋯⋯⋯⋯⋯⋯ 042
　　任务3-3　汽车配件订货管理 ⋯⋯⋯⋯⋯⋯⋯⋯⋯⋯⋯⋯⋯⋯⋯⋯⋯⋯⋯⋯ 049
　　任务3-4　汽车配件入库管理 ⋯⋯⋯⋯⋯⋯⋯⋯⋯⋯⋯⋯⋯⋯⋯⋯⋯⋯⋯⋯ 059

项目四　汽车配件仓储管理 ⋯⋯⋯⋯⋯⋯⋯⋯⋯⋯⋯⋯⋯⋯⋯⋯⋯⋯⋯⋯⋯⋯⋯ 075
　　任务4-1　汽车配件的仓库保管 ⋯⋯⋯⋯⋯⋯⋯⋯⋯⋯⋯⋯⋯⋯⋯⋯⋯⋯⋯ 076
　　任务4-2　汽车配件的日常养护 ⋯⋯⋯⋯⋯⋯⋯⋯⋯⋯⋯⋯⋯⋯⋯⋯⋯⋯⋯ 087
　　任务4-3　汽车配件的仓库安全保管 ⋯⋯⋯⋯⋯⋯⋯⋯⋯⋯⋯⋯⋯⋯⋯⋯⋯ 096
　　任务4-4　汽车配件的出库管理 ⋯⋯⋯⋯⋯⋯⋯⋯⋯⋯⋯⋯⋯⋯⋯⋯⋯⋯⋯ 115

项目五　汽车配件销售 ⋯⋯⋯⋯⋯⋯⋯⋯⋯⋯⋯⋯⋯⋯⋯⋯⋯⋯⋯⋯⋯⋯⋯⋯⋯ 121
　　任务5-1　配件查询 ⋯⋯⋯⋯⋯⋯⋯⋯⋯⋯⋯⋯⋯⋯⋯⋯⋯⋯⋯⋯⋯⋯⋯⋯ 122
　　任务5-2　汽车配件销售业务概述 ⋯⋯⋯⋯⋯⋯⋯⋯⋯⋯⋯⋯⋯⋯⋯⋯⋯⋯ 138
　　任务5-3　购销合同 ⋯⋯⋯⋯⋯⋯⋯⋯⋯⋯⋯⋯⋯⋯⋯⋯⋯⋯⋯⋯⋯⋯⋯⋯ 147
　　任务5-4　配件交付 ⋯⋯⋯⋯⋯⋯⋯⋯⋯⋯⋯⋯⋯⋯⋯⋯⋯⋯⋯⋯⋯⋯⋯⋯ 152

项目六　汽车配件售后服务管理 ⋯⋯⋯⋯⋯⋯⋯⋯⋯⋯⋯⋯⋯⋯⋯⋯⋯⋯⋯⋯⋯ 157
　　任务6-1　汽车配件索赔相关规定 ⋯⋯⋯⋯⋯⋯⋯⋯⋯⋯⋯⋯⋯⋯⋯⋯⋯⋯ 158
　　任务6-2　汽车配件索赔处理程序 ⋯⋯⋯⋯⋯⋯⋯⋯⋯⋯⋯⋯⋯⋯⋯⋯⋯⋯ 171

项目七 汽车配件营销策略 ……………………………………………………… 177
任务 7-1 汽车配件产品策略 …………………………………………… 178
任务 7-2 汽车配件价格策略 …………………………………………… 185
任务 7-3 汽车配件分销渠道 …………………………………………… 190
任务 7-4 汽车配件促销策略 …………………………………………… 197

项目八 汽车配件计算机管理 ……………………………………………… 203
任务 8-1 汽车配件计算机管理系统概述 ……………………………… 204
任务 8-2 汽车配件计算机管理系统的操作流程 ……………………… 208

参考文献 ………………………………………………………………………… 220

项目一
汽车配件行业经营管理概述

经过几十年的发展，中国品牌汽车零部件企业已经基本覆盖绝大部分汽车零部件。中国境内汽车零部件企业呈现中国品牌企业、中外合资企业和外国独资企业并存发展的局面，汽车零部件产业的发展与整车的发展休戚相关。作为汽车行业从业人员，了解汽车配件行业经营管理现状是十分必要的。

本项目将从国内汽车配件行业经营现状、我国汽车零部件行业发展趋势分析两个任务展开。

任务1-1 国内汽车配件行业经营现状

任务引入

王涛大学毕业后,在某市鑫泽汽车配件有限公司担任销售员,该公司主要经营速腾、迈腾、CC和宝来配件。由于目前市场随宏观环境变化很大,产品的销售起伏不定,王涛所在公司的经理常常为企业的经营情况费尽心思。作为企业经营者,把握汽车零部件行业现状是非常重要的。

那么,如果你是配件销售员王涛,应该怎样去了解国内外汽车配件行业经营现状,为领导出谋划策呢?

任务描述

随着信息化与工业化高度融合的时代加速到来,让很多传统零部件制造企业有些措手不及。尤其是"互联网+"时代的来临,企业要积极思考互联网化,把握其中的机会,重构经营体系,以积极开放的思维迎接互联时代带来的变化。

国内汽车配件行业经营现状是汽车配件从业人员需要了解的最基本的内容,除此之外,我们还需要了解我国汽车及零部件行业现状、国外汽车公司进入中国的情况,分析互联网时代对汽车零部件的影响。

学习目标

● 专业能力

(1) 能够熟知国内汽车配件行业经营现状。

(2) 能够掌握我国汽车及零部件行业现状、互联网时代对汽车零部件的影响。

● 社会能力

(1) 树立服务意识、效率意识和规范意识。

(2) 强化人际沟通和客户关系维护能力。

(3) 树立爱岗敬业的职业道德和严谨务实勤快的工作作风。

● 方法能力

(1) 利用多种信息化平台进行自主学习的能力。

(2) 运用多方资源解决实际问题的能力。

(3) 自主学习与独立思维能力。

我国汽车及零部件行业现状(学习手册)

项目一
汽车配件行业经营管理概述

一、我国汽车及零部件行业现状

随着全球汽车产业的不断发展,汽车零部件行业的规模越来越大。一些国际知名的汽车零部件企业具备强大的研发能力和雄厚的资金实力,能够引导世界零部件行业甚至整车行业的发展方向。

汽车行业发展现状

(一)汽车行业发展概述

1. 汽车行业发展现状

2008年金融危机之后,全球汽车产业格局发生深刻变化,全球汽车市场重心由欧美转移至亚洲,以中国为代表的新兴市场迅速崛起。2009年,我国汽车产销量分别为1 379.10万辆和1 364.48万辆,一举超越美国,成为世界第一大汽车市场。2005—2015年中国汽车产销量统计如表1-1-1所示。

表1-1-1 2005—2015年中国汽车产销量统计

年份	产量/万辆	销量/万辆
2005年	570.84	575.82
2006年	718.87	721.60
2007年	888.25	879.15
2008年	929.29	938.05
2009年	1 379.10	1 364.48
2010年	1 826.47	1 806.19
2011年	1 841.89	1 850.51
2012年	1 927.18	1 930.64
2013年	2 211.68	2 198.41
2014年	2 372.29	2 349.19
2015年	2 450.33	2 459.76

2015年中国是世界第一大汽车市场,2015年全年销售2 459万辆汽车,同比增长4.7%。第二大汽车市场是美国,美国市场强劲复苏,2014年销量达到1 747万辆,而且乘用车达到历史最高点,同比增长3.8%。第三大汽车市场是日本,下降5.1%(见图1-1-1)。

2. 新常态下汽车行业发展形势

当前,中国经济社会正在发生一系列重大而深刻的变化,与改革开放40多年来接近两位数的持续高增长相比,经济增速有所放缓。与此同时,经济增长动力转换、经济发展方式转变,中国经济步入"新常态"。

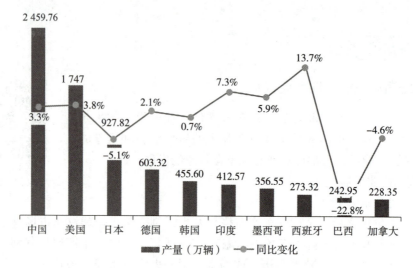

图 1-1-1 全球汽车销量一览

全面深化改革是国家发展大势所趋，中国汽车产业进入"新常态"。产业发展增速回落平稳、增长动力转换是"新常态"的两个重要特征。就中国汽车产业而言，增速趋缓的特征已初步显现并将持续，而增长动力的顺利转换需要全行业不懈努力。

（二）汽车零部件行业发展现状与挑战

汽车零部件是汽车工业的组成部分，也是汽车工业发展最为重要的基础。目前，我国基本建立了较为完整的零部件配套供应体系和零部件售后服务体系，为汽车工业发展提供了强大支持。

汽车零部件行业发展
现状与挑战

1. 汽车零部件产业

汽车零部件产业处于整个汽车产业链的中游，其上游产业为钢材、橡胶、塑料和化工等，下游则为整车厂商及其零部件配套供应商。汽车零部件制造业产业链图如图 1-1-2 所示。

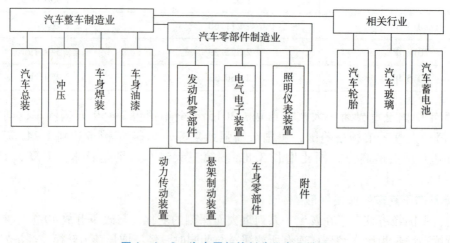

图 1-1-2 汽车零部件制造业产业链图

我国汽车零部件产业是伴随整车厂起步发展的。汽车零部件产品主要分类及代表零件如表 1-1-2 所示。

表 1-1-2　汽车零部件产品主要分类及代表零件

分类	零部件
发动机系统零部件	节气门体、发动机、发动机总成、油泵、油嘴、张紧轮、气缸体、轴瓦、水泵、密封垫、凸轮轴、气门、曲轴、连杆总成、活塞、皮带、消声器、化油器、油箱、水箱、风扇、油封、散热器、滤清器等
传动系统零部件	变速器、变速换挡操纵杆总成、减速器、离合器、磁性材料、电子元器件、离合器盘、万向节、万向滚珠、万向球、球笼、分动器、取力器、同步器、差速器、差速器壳、行星齿轮、轮架、齿轮箱、中间轴、齿轮、挡杆拨叉、传动轴总成、传动轴凸缘、同步器环等
制动系统零部件	刹车蹄、刹车片、刹车盘、刹车鼓、压缩机、制动器总成、制动总泵、制动分泵、ABS-ECU 控制器、电动液压泵、制动凸轮轴、制动滚轮、制动蹄销、制动调整臂、制动室、真空加力器、手制动总成、驻车制动器总成、驻车制动器操作杆总成等
转向系统零部件	主销、转向机、转向节、球头销等
行走系统零部件	后桥、空气悬架系统、平衡块、钢板、轮胎、钢板弹簧、半轴、减震器、钢圈总成、半轴螺栓、桥壳、车架总成、前桥等
车辆照明	装饰灯、前照灯、探照灯、吸顶灯、防雾灯、仪表灯、刹车灯、尾灯、转向灯、应急灯等
汽车改装	轮胎打气泵、汽车顶架、汽车顶箱、排气管、节油器、天窗、隔声材料、保险杠、定风翼、挡泥板等
电器仪表系统零部件	传感器、汽车灯具、蜂鸣器、火花塞、蓄电池、线束、继电器、音响、报警器、调节器、分电器、起动机、单向器、汽车仪表、开关、保险片、玻璃升降器、发电机、点火线圈、点火器等
汽车灯具	装饰灯、前照灯、探照灯、吸顶灯、防雾灯、仪表灯、刹车灯、尾灯、转向灯、应急灯等

2014 年世界主要汽车零部件企业销售收入如表 1-1-3 所示。

表 1-1-3　2014 年世界主要汽车零部件企业销售收入

序号	公司名称	所在地区	销售额/亿美元
1	博世（ROBERT BOSCH）	德国	649.61
2	德国大陆集团（CONTINENTAL）	德国	457.73
3	江森自控（JOHNSON CONTROLS）	美国	438.55
4	电装公司（DENSO）	日本	391.98
5	麦格纳国际（MAGNA INTERNATIONAL）	加拿大	366.41
6	普利司通（BRIDGESTONE）	日本	347.11

最近十几年是我国汽车工业飞速发展的时期，也是我国汽车零部件产业高速发展的时期。2001—2014 年中国汽车零部件销售收入及增长如图 1-1-3 所示。

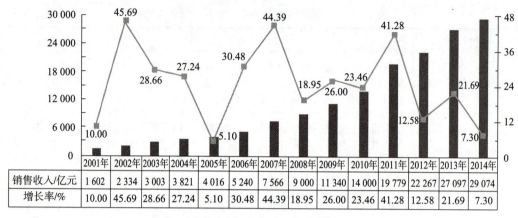

图 1-1-3　2001—2014 年中国汽车零部件销售收入及增长

相比 2009—2011 年，2012 年至今全球经济低速增长，这也导致中国汽车零部件出口额在 2012 年以后增速下降明显。2000—2015 年中国汽车零部件出口额及增长如图 1-1-4 所示。

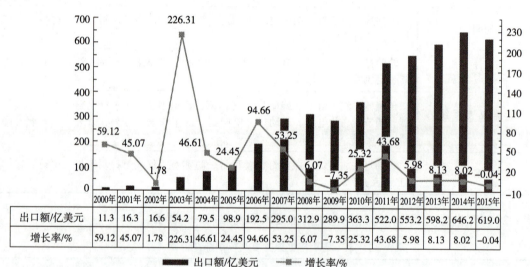

图 1-1-4　2000—2015 年中国汽车零部件出口额及增长

根据商务部等部门于 2009 年年底发布的《关于促进我国汽车产品外销持续健康发展的意见》：到 2015 年我国汽车和零部件外销规模年均增长约 20%；到 2020 年实现我国汽车及零部件外销额占世界汽车产品贸易总额的 10%。因此，从长远来看，我国汽车及零部件外销还有很大的成长空间。

2. 汽车零部件产业整体经济指标稳步提升，但中长期发展形势不容乐观

根据中汽协会统计，2015 年 1—9 月，中国汽车零部件制造业规模以上企业主营业务收入 22 667.42 亿元，同比增长 6.73%；利润总额 1 631.44 亿元，同比增长 8.71%；固定资产投资 6 021.93 亿元，同比增长 13.13%。与汽车行业整体相比，汽车零部件产业经济指标稳步提升。

3. 汽车零部件创新培育有了基础，但能力提升之路还很长

适应新常态，重点在于形成新的增长动力，而新的增长动力的形成关键在于创新。对于汽车零部件产业，必须着力推进科技创新，提升攻克关键零部件技术的能力；同时，要勤练内功，进行生产方式创新，以提高资源要素的综合利用效率。

4. 零部件质量水平得到提升，但产品质量"瓶颈"尚需突破

近年来，中国汽车零部件产业整体质量水平不断提升，较好地保障了汽车工业的持续发展。但是伴随着消费需求变化，对质量的要求与日俱增。相关情况从汽车召回的信息、汽车三包和消费者投诉的信息中得到印证。有关信息理应得到行业相关企业的高度关注，并作为质量改进的重要输入。

5. 产业布局有所改善，但产业结构调整还需努力

近年来，中国汽车零部件产业呈现出集群化发展态势，已经形成东北、京津冀环渤海、华中、西南、珠三角及长三角六大汽车零部件集群区域。其零部件产值占据全行业的 80% 左右，长三角零部件产值占总份额的 37% 左右，为国内汽车零部件产值最大区域，其中上海为全国最大的零部件产业基地，产值占总产量的 20%，浙江和江苏约占 17%。

6. 人才缺乏，掣肘行业发展

其主要体现在高端人才短缺，培育体系不健全和汽车专业人才缺乏。

（三）汽车及零部件行业发展趋势

1. 产业转移不断加速

随着国际汽车及零部件行业竞争日趋激烈，为了开拓新兴市场，有效降低生产成本，汽车及零部件企业开始加速向中国、印度、东南亚等国家和地区进行产业转移。

汽车及零部件行业发展趋势

2. 采购全球化

在全球经济一体化的背景下，面对竞争日益激烈的市场环境，世界各大汽车公司和零部件供应商在专注于自身核心业务和优势业务的同时，进一步减少汽车零部件的自制率，转而采用全球采购的策略，在世界范围内采购有比较优势的汽车零部件产品，采购全球化已成为当今潮流。

3. 零部件系统的集成化和模块化

汽车零部件系统的集成化和模块化就是通过全新的设计和工艺，将以往由多个零部件分别实现的功能，集成在一个模块组件中，以实现由单个模块组件代替多个零部件的技术手段。汽车零部件系统的集成化和模块化已成为汽车零部件行业，尤其是乘用车汽车零部件行业一个重要的趋势。

4. 节能环保新技术的应用

随着全社会对环境问题的日益重视，节能环保技术将成为汽车及零部件产业未来的技术趋势。以燃料电池汽车、混合动力汽车为代表的新能源汽车正在加速发展，汽车零部件的轻量化设计、电子化和智能化设计以及汽车零部件再制造技术等正逐步得到应用。

二、互联网时代对汽车零部件的影响

不可抗拒互联网大潮的来袭,各类汽车后市场产品、服务互联网化都是发展的趋势,汽车配件企业要在"互联网+汽配"模式下发挥价值,那么首要的任务就是了解互联网时代对汽车零部件的影响。

"互联网+"含义及
创新商业模式

(一)"互联网+"的含义

"互联网+"代表一种新的经济形态,即充分发挥互联网在生产要素配置中的优化和集成作用,将互联网的创新成果深度融合于经济社会各领域之中,提升实体经济的创新力和生产力,形成更广泛的以互联网为基础设施和实现工具的经济发展新形态。

新一代信息技术与创新2.0的互动与演进推动了"互联网+"的浮现,互联网随着信息通信技术的深入应用带来的创新形态演变,本身也在演变变化并与行业新形态相互作用、共同演化,如同以工业4.0为代表的新工业革命以及 Fab Lab 和创客为代表的个人设计、个人制造和群体创造。可以说"互联网+"是新常态下创新驱动发展的重要组成部分。

(二)"互联网+"战略下的创新商业模式

互联网时代就是一个不断变化的时代,一个无所不能的时代,它对人的心理、观念甚至价值观,以及对社会的重构都是革命性的。互联网思维下的商业模式创新在于颠覆传统的商业模式,重构整个商业价值链,从而实践自身的跨越。

"互联网+"战略下
的创新商业模式

1. 了解商业模式,创新思路

互联网发展至今,已经形成不少模式,但比较典型的主要有五大模式:

(1)社交叠加商业模式:典型代表是微信。

微信以社交朋友圈为切入点,逐步添加了微信支付、手机话费充值、精选商品和电影票等商业功能。

(2)平台商业模式:典型代表是阿里巴巴电子商务。

平台型商业模式的核心是打造足够大的平台,产品更为多元化和多样化,更加重视用户体验和产品的闭环设计。

(3)跨界商业模式:典型代表是余额宝。

跨界商业模式是充满神奇力量的一种模式。过去两家被认为隔行如隔山的公司,突然之间彼此成为竞争对手;那些原先风马牛不相及的行业,可能一夜之间便瓦解了你所在行业的地基。

(4)免费商业模式:典型代表是360安全卫士。

互联网颠覆传统企业的常用打法就是在传统企业用来赚钱的领域免费,从而彻底把传统企业的客户群带走,继而转化成流量,然后利用延伸价值链或增值服务来实现盈利。虽然免费商业模式看似免费,但其背后的商业逻辑联结着非免费模式。

(5)O2O商业模式:代表企业有佐卡伊、上品折扣等。

O2O即将线下商务的机会与互联网结合在一起,让互联网成为线下交易的前台。O2O狭义来理解就是线上交易、线下体验消费的商业模式。广义的O2O就是将互联网思维与传统产业相融合，用互联网的思维，利用高效率、低成本的互联网信息技术，改造传统产业链中的低效率环节。

2. 创新商业模式，实践跨越

"互联网+"或互联网化创造了一个新的业态，而不是传统简单的业态和互联网的叠加。简单而言，"互联网+"就是技术、互联网商业模式和组织实践。互联网化的核心是提升效率和重构供需。

创新商业模式设计应围绕的重点是：

（1）一切从客户的角度出发，与客户站在一起。

（2）部署移动互联网应用，将服务推进到客户的移动应用中。

（3）为用户创造价值，用心联结你的一切。

（三）"汽车零部件+互联网"的五种模式

很多零部件企业都在积极探索，希望通过互联网来实现传统企业的转型。目前，汽车零部件企业拥抱互联网主要有五种模式。

"汽车零部件+互联网"的五种模式

1. 模式一：积极投资入股，布局车联网

此模式的代表企业为浙江亚太机电股份有限公司（简称亚太股份）。围绕"打造智能汽车生态园"的目标，亚太股份以基础制动及电子辅助制动领域的研发经验，结合汽车智能化、电动化的未来发展趋势，通过对钛马信息股权投资，加快环境感知、主动安全控制、移动互联的智能驾驶领域布局，向车联网技术延伸。

2. 模式二：构建电子商务平台，进行零部件产品销售和服务

此模式的代表企业为风神轮胎股份有限公司。在"互联网+"思维浪潮下，零部件企业的网络销售模式主要有两种：一种是企业自身搭建电子商务平台；另一种是依托第三方平台开设官方旗舰店或网店。轮胎企业是运用这两种模式的突出代表，纷纷开展线上+线下的网络销售模式。风神轮胎股份有限公司线上平台不仅在天猫与京东搭建了官方旗舰店，还在微信搭建了微商城。线下平台则创立了支持线上销售的售后服务品牌——爱路驰，消费者在线上购买轮胎，可以选择在就近的线下门店享受后期服务。

3. 模式三：设立"互联网+"基金，寻求投资并购机会

此模式的代表企业为安徽中鼎密封件股份有限公司（简称中鼎股份）。田仆中鼎"互联网+"基金将聚焦包括汽车后市场O2O服务和消费产品、消费服务，帮助消费提升效率的互联网技术等领域进行投资并购，为中鼎股份在互联网领域进行业务拓展和做大做强汽车后市场业务服务。

4. 模式四：跨界与互联网公司合作，植入互联网因子

此模式的代表企业为德尔福。德尔福通过与百度合作将"Car–life"整合到德尔福的下一代车载互联信息娱乐平台中，整合了包括Carplay、Android Au–to、Mirror Link等多种最新的车载互联技术，并且可升级、可扩展，与更多车载互联平台进行整合，同时能帮助驾车者将车载系统与任何类型的移动设备在任何时间和任何地点实现无缝连接，实时共享导航、媒体、文本、电话等各种功能。

5. **模式五：投资建立网站平台，提供先进技术服务**

此模式的代表企业为天津天海同步集团。阿基米德先进技术网围绕先进技术，通过先进技术包（ATT）、先进技术服务系统（ATS）等核心产品和服务，运用全景图、大数据，源源不断地为中国汽车零部件等行业输送欧美先进技术、专利成果和专业人才，为加快中国汽车零部件等行业企业转型升级提供创新方案。

三、国内汽车配件产业经营现状

随着汽车产销量的增长，汽车配件产业也面临着现实的考验，当前我国汽车零配件市场存在着许多问题，主要有以下几方面：

国内汽车配件行业经营现状

1. **配件市场管理混乱**

   一是政府管理方面存在的问题；二是行业管理方面存在的问题。目前，配件市场比较混乱，有些经销商为了获得更大的市场，使用非法的手段去赢得顾客。措施有盲目降价、出售伪劣产品等。

2. **配件质量良莠不齐**

   目前我国汽车零配件质量相差悬殊，有些甚至还没有装上车就已经出现严重的质量问题。当今市场上假冒的刹车片冲击着市场。刹车片属于汽车经常更换的部件，有的车主购买时只图价格便宜，不重视质量，这也是造成劣质刹车片流入市场的重要原因之一。

3. **配件价格混乱**

   汽车配件市场价格比较混乱，比如千里马的前刹车片 4S 店卖到 179 元左右，而副厂的只需 100 元左右。导致这一现象的主要原因是配件来源渠道多，正产件比副产件价格要高。此外，还有的配件来自无证无照的小作坊，根本就不需要交税。这几类产品虽然看起来差不多，但价格差距很大，质量参差不齐。

4. **流通中间环节过多**

   最重要的是配件的来源渠道过多。下面以东风悦达起亚公司为例。汽车零配件只能直接从江苏盐城进货，它的销售渠道是最短的，所以其价格也是最低的。有些客户钟情于到零配件销售商去购买配件，以为那里的价格会便宜点，其实不然，汽车的零配件来源也是要经过零配件生产商到 4S 店再到零配件销售商的。

5. **售后服务质量有待提高**

   很多汽车配件经销商单方面注重配件的销售量，很少重视售后服务，这与从业人员的素质有关系。提高售后服务质量不能仅从降低价格来实现，还要通过提高其售后服务质量来实现。

6. **从业人员的素质普遍较差**

   目前，相当多的从业人员文化程度偏低，专业知识不足，没有经过专业培训，严重影响着汽车配件市场从业人员的整体素质，汽车配件经销商不重视引进专业配件管理人员。

   配件经销商不仅要加大硬件投入，更应加大从业人员技术素质和职业道德培养的软件投入，这将成为目前汽车配件经销商在竞争中得以生存和发展的前提。

 在线测验

在线测验

 成果提交

成果提交

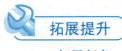 拓展提升

一、拓展任务

拓展任务

二、拓展训练
1. 新常态下,中国汽车产业呈现什么样的特征?
2. "汽车零部件+互联网"的五种模式是什么?

任务 1-2　我国汽车零部件行业发展趋势分析

 任务引入

王涛大学毕业后一直在汽车零部件行业工作，在该行业已经摸爬滚打10多年，并且成为一家上市企业的高管。他所在的企业成功地规避了2008年的金融风暴，之后的销售业绩不断攀升，成为汽车零部件行业的龙头企业。王涛所在公司的成功，主要在于对市场的把握，对行业发展趋势的分析。

那么，如果你是汽车配件从业人员王涛，应该怎样去分析汽车零部件行业的发展趋势，为企业领航呢？

 任务描述

持续增长的汽车产量为汽车零部件行业带来巨大的内需市场潜能，与整车市场相比，汽车零部件市场具有更强的成长性，国内整车生产配套需求、售后维修市场需求以及出口市场需求将成为推动零部件行业发展的三大市场驱动因素。汽车零部件行业的发展趋势分析是汽车配件从业人员需要长期关注的重要内容。他们需要了解我国汽车零部件行业发展趋势、2015年汽车零部件领域全国及各地政策一览及"中国制造2025"，引领汽车零部件行业可持续发展的内容，以正确指导日常的工作。

 学习目标

● **专业能力**

（1）能够熟知我国汽车零部件行业的发展趋势。

（2）能够掌握我国汽车零部件行业发展趋势、2015年汽车零部件领域全国及各地政策一览的基本内容。

（3）能够掌握"中国制造2025"，引领汽车零部件行业可持续发展的基本知识。

● **社会能力**

（1）树立服务意识、效率意识和规范意识。

（2）强化人际沟通和客户关系维护能力。

（3）树立爱岗敬业的职业道德和严谨务实勤快的工作作风。

项目一 汽车配件行业经营管理概述

学习目标

- 方法能力

(1) 利用多种信息化平台进行自主学习的能力。
(2) 运用多方资源解决实际问题的能力。
(3) 自主学习与独立思维能力。

相关知识

一、我国汽车零部件行业发展趋势

由于中国的汽车零部件行业起步较晚，规模经济尚未形成。外资企业重压市场，民族品牌生存压力日趋加大。

我国汽车零部件行业
发展趋势（学习手册）

1. 整零之间的战略关系进一步优化

全球汽车行业的整零关系分为三类，一是以欧美为代表的平行发展模式，宇博智业市场研究中心认为：零部件企业独立于整车企业之外，零部件企业自由竞争；二是以日韩为代表的塔式模式，整车与零部件企业之间是利益共同体，会有很强的资本合作关系；三是中国最早的一汽、东风公司的计划经济时期的模式，即零部件附属于整车企业，目前在中国仍有部分企业是这种模式。

我国汽车零部件行业
发展趋势

2. 新能源汽车发展将促进汽车零部件行业转型升级

中央财政继续实施补贴政策，以保持政策连续性，加大支持力度，以此推广新能源汽车应用，促进节能减排。这一政策将积极促进汽车零部件行业转型升级发展，促进零部件行业向节能型和环保型、高技术型和高质量型发展，同时积极推进品牌战略建设和走国际化发展之路。

3. 零部件高端制造业升级

随着国内汽车市场的逐步成熟，购车者对产品品质的要求也提高，主机厂对零部件供应商技术实力与生产管理能力的要求更为严格，汽车"三包"等政策的实施使产品出现质量问题后主机厂与零部件供应商承担更大的风险。

随着对汽车安全、舒适及环保要求的提高，汽车智能化已成为汽车行业发展的大趋势，如何通过电子技术提高汽车使用的安全性和舒适性也成为整个行业的热点。

二、2015 年汽车零部件领域全国及各地政策一览

无论对于哪一个产业来说，国家政策均是引领产业发展的风向标，政策引导产业结构调整，改变行业产品格局，是包括零部件企业在内的所有企业的关注焦点。鉴于政策讯息的重要性，2015 年以来汽车零部件行业相关方针政策的推出，使企业能对该领域政策有一个整体全面的了解。

汽车零部件领域政策

（一）汽车国家政策动态

国家政策主要有：《车载导航影音系统认证技术规范》、《轮胎生产企业公告管理暂行办法》、《汽车动力蓄电池行业规范条件》、《中国制造2025》、《汽车有害物质和可回收利用率管理要求》、零部件再制造产品"以旧换新"试点工作启动、儿童安全座椅"3C"认证实施、《电动汽车动力蓄电池回收利用技术政策（2015年版）》征求意见稿、GB/T 32007—2015《汽车零部件的统一编码与标识》国家标准、《汽车维修技术信息公开实施管理办法》、八项轮胎相关国家标准发布、《锂离子电池行业管理办法》、《内燃机行业规范条件》、《缺陷汽车产品召回管理条例实施办法》、2016年1月1日起我国调整进出口关税、2015版铅蓄电池规范条件及管理办法出台。

（二）汽车地方政策动态

地方政策主要有：江苏强制装北斗兼容车载终端、北京拟要求新出租车配置智能终端等运营设备、四川规范轮胎翻新行业发展、山东明确轮胎等工业转型路径、天津机动车实施国V排放标准、南宁汽车维修标准执行新国标新增综合小修等方面。

三、"中国制造2025"，引领汽车零部件行业可持续发展

中国汽车产业的新常态是历史发展的产物，这是发展的条件，并将影响着未来的发展。中国汽车产业未来发展需要适应新常态，同时取决于行业的政策和战略的抉择。

"中国制造2025"引领

（一）"中国制造2025"对汽车产业发展具有重要战略意义

（1）"中国制造2025"实施制造强国三步走的战略部署，是中国制造业发展的基本行动纲领。汽车产业是中国制造业重要组成部分，实施"中国制造2025"是做强中国汽车产业的历史性机遇，同时汽车产业是实现"中国制造2025"最为重要的载体，做强汽车产业必将为"中国制造2025"目标实现提供强力支撑和带动作用。

（2）在战略任务上，"中国制造2025"的九大战略任务均与汽车产业密切相关。①汽车及关联产业创新是制造业创新的重要组成部分，是提高国家制造业创新能力的重要支撑；②推进信息化与工业化深度融合过程中，汽车是两化融合的重要载体；③工业基础能力的强化，对提升汽车"四基"至关重要；④汽车质量品牌是工业产品的标志，是加强制造业质量品牌建设的重要途径；⑤在全面推行绿色制造的过程中，汽车及零部件绿色设计和制造具有引领性；⑥汽车低碳化、电动化和智能化是未来方向，是亟须大力推动、突破的重点领域；⑦深入推进制造业结构调整进程中，汽车"三化"对产业结构优化调整作用显著；⑧在积极发展服务型制造和生产性服务业方面，基于信息化的现代服务业是汽车价值链衍生的重要方向；⑨汽车产业的国际化是提升制造业国际化的重要体现。

（3）中国汽车产业将以"中国制造2025"为战略总纲，以建设汽车强国为行动总目标，加快提升汽车产业综合创新能力，加快推动汽车产品低碳化、电动化和智能化发展，加快实现基于新一代互联网的汽车设计、制造和服务一体化的产业智能转型，加强全产业链的协同创新发展，提升中国品牌汽车核心竞争力，加快汽车产业国际化发展进程。

（二）"中国制造2025"将引领汽车零部件行业健康发展

中国汽车产业进入新常态，中国汽车零部件行业将面临更大挑战。中国汽车零部件发展战略和规划方案如下：

1. 指导思想

以"中国制造2025"为战略引领,坚持以汽车强国建设目标为指导方针,坚持企业为主体、市场驱动和政策引导,坚持自主创新和对外开放相结合,坚持整车企业引领、整零协同发展。

立足本土,面向国际,推进零部件专业化、国际化、品牌化发展;立足自主研发与技术革新,不断优化产业结构和提升产业竞争力,实现产业转型升级,全面形成中国汽车零部件自主创新能力。

2. 总体思路

中国汽车零部件发展总体思路如图1-2-1所示。

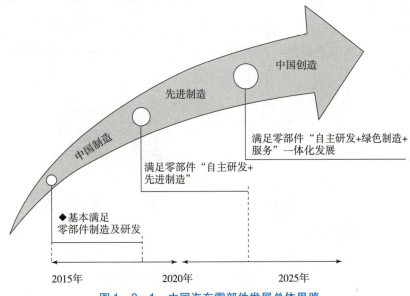

图1-2-1 中国汽车零部件发展总体思路

3. 发展方向

(1) 产业集中度。
(2) 品牌竞争力。
(3) 市场发展。
(4) 产业结构优化与升级。
(5) 产业平台发展。
(6) 产业聚集发展。
(7) 零部件关键技术发展。
(8) 零部件研发的强化。
(9) 零部件产品质量提升。

4. 主要任务

(1) 完善零部件工业相关政策体系,完善顶层设计,促进零部件相关政策体系的完善,设立汽车零部件培育专项基金。

(2) 实施零部件自主创新工程,建立零部件研发和创新体系,提高技术研发能力,搭建共性技术平台,建立健全零部件标准、法规和测试评价体系,推进智能化、互联化发展战略,推进知识产权的保护。

(3) 构建和谐稳定的整零关系，加强整车及零部件企业的沟通交流，建立长期合作伙伴关系，做好协同工程。整车企业牵头推动协同工程的开展，用整体优化的理念，从研发开始同供应商、客户、经销商实行网络化和数字化的业务交流与配合，充分发挥产业链间的潜存力量。

(4) 建立规范公正的市场秩序，优化市场供给结构，促进零部件品牌力建设。

(5) 科学规划零部件产业布局，推动现代化汽车及零部件产业集群建设，优化产业组织结构，实现资源优化配置，加快零部件集团的培育和发展壮大。

(6) 积极推进两化融合，完善零部件企业经营管理，加快应用企业资源计划系统、企业办公自动化系统、人力资源管理系统，构建较为完整的信息化管理体系，全面提高企业的综合运营效益。

5. 发展路径

中国汽车零部件基本发展路径如图 1-2-2 所示。中国汽车零部件具体提升路径如图 1-2-3 所示。

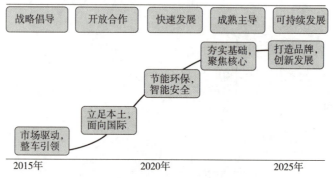

图 1-2-2　中国汽车零部件基本发展路径

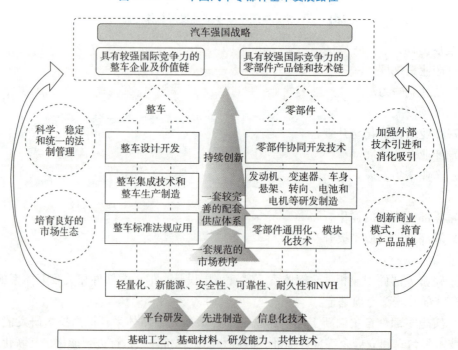

图 1-2-3　中国汽车零部件具体提升路径

6. 措施建议

（1）强化政府引导和统筹协调。

（2）加大财税政策支持力度。

（3）扩大零部件企业开放与合作。

（4）营造零部件发展的良好环境。

（5）积极发挥国际化作用。

（6）加强零部件人才保障。

  在线测验

在线测验

 成果提交

成果提交

 拓展提升

一、拓展任务

拓展任务

二、拓展训练

1. 《汽车维修技术信息公开实施管理办法》最大的创新和突破主要体现在哪些层面？

2. "中国制造2025"对汽车产业发展具有哪些重要战略意义？

项目二
汽车配件市场调查

  市场是企业研究的中心，根据市场的状况而制定的营销策略决定了企业的经营方向和目标。汽车配件市场调查是汽车配件生产企业、经销商对汽车配件的各种商品或某种商品的产、供、销及其影响因素，企业销售量，用户及潜在用户的结构、购买力、购买习惯和购买欲望等情况进行全面或局部的调查研究。本项目将从汽车配件市场调查内容和方法、汽车配件市场调查程序两个任务展开。

任务 2-1 汽车配件市场调查内容和方法

 任务引入

小李所在的公司准备在 A 市开一家配件连锁店,经理交给小李一个任务,要求小李到当地进行市场调查,了解当地的发展是否符合公司开分店的要求。小李觉得这是一次展示自己能力的机会,接到经理分配的任务后进行了认真的思考,包括如何进行市场调查、调查哪些内容以及使用哪些方法调查等。

如果您是小李,您将侧重哪些内容开展市场调查?如何开展?

 任务描述

汽车配件工作人员在日常的市场调查工作中,可能面临调查内容杂乱、调查方法众多无从下手的情况。所以,我们先要确定具体的汽车配件市场调查内容,之后选取适合的市场调查方法获取相关信息,完成市场调查方法项目任务书。

 学习目标

● 专业能力

(1) 了解汽车配件市场调查的各项内容。

(2) 掌握汽车配件市场调查的各种方法,能够针对不同的市场情况选择适用的调查方法。

● 社会能力

(1) 树立服务意识、效率意识和规范意识。

(2) 强化人际沟通和客户关系维护能力。

(3) 树立学生科学的思维方式和严谨的工作态度。

● 方法能力

(1) 利用多种信息化平台进行自主学习的能力。

(2) 运用多方资源解决实际问题的能力。

(3) 自主学习与独立思维能力。

不造谣

千里之堤,溃于蚁穴

一、汽车配件市场调查内容

市场调查就是运用科学的方法，有目的、有计划地系统收集用户、市场活动的真实情况（即市场信息），并对这些信息进行整理、分析和存储的过程。汽车配件销售企业的市场调查，就是对各种汽车配件或某种汽车配件的产、供、销及其影响因素，企业的销售量，用户结构及市场占有率进行调查研究。

市场调查内容取决于经营决策的需要，一般包括如下内容：

（一）汽车配件需求调查

汽车配件需求调查主要是为了了解配件消费需求量、需求结构和需求时间。

（1）需求量调查。不仅要了解企业所在地区的需求总量、已满足的需求量和潜在需求量，还必须了解本企业的销售量在该地区销售总量中所占的比例，即市场占有率。

汽车配件市场调查内容和方法（学习手册）

汽车配件市场调查内容

（2）需求结构调查。主要是了解购买力投向，不仅要调查汽车配件需求总量，还要调查分车型和分品种的需求结构。另外，还必须了解引起需求量变化的原因，并调查用户结构情况。图2-1-1所示为某省份在某月对汽车配件的采购需求种类前五名。

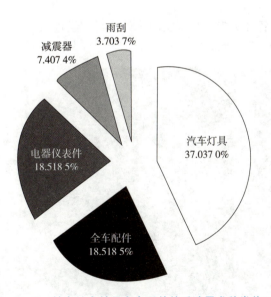

图2-1-1 某省份在某月汽车配件的采购需求种类前五名

（3）需求时间调查。许多种汽车配件的需求是有季节特点的，主要是了解用户需要购买配件的具体时间，如某季度、某月份等，以及各需求时间要购进的品种、规格及数量。

（二）市场经营条件调查

市场经营条件调查就是了解企业外部的经营环境和内部经营能力，主要包括以下内容：该地区宏观经济发展形势、该地区汽车保有量增长情况（包括车型、数量）、商品资源情况、销售渠道情况、竞争对手情况和本企业内部的经营管理水平、职工素质及物资设备和经营场所等。

（三）市场商品分析

市场商品分析主要是从销售量较大的易损易耗件的使用价值和消费的角度，调查研究其适销对路情况及其发展变化趋势，为开拓新市场、防止库存积压提供可靠信息。

二、汽车配件市场调查方法

市场调查的方法有很多，调查方法是否科学、恰当，对调查的结果影响很大。汽车配件市场的调查方法一般有文案调查法和实地调查法，如图 2-1-2 所示。其中实地调查法包括观察法、询问法和实验法。

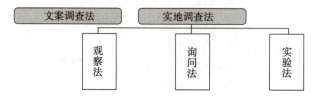

图 2-1-2　市场调查方法

（一）文案调查法

文案调查法是搜集各种历史的和现实的统计资料，经过甄别、分析得到的各类资料的一种调查方法，如图 2-1-3 所示。

图 2-1-3　文案调查法

文案调查资料来源十分丰富，对于汽车配件市场调查而言，要获取二手资料，来源途径可以分为企业内部资料和企业外部资料两个方面。

（二）实地调查法

实地调查法是一种直接调查方法，由调查人员直接同受访者接触去搜集未被加工的来自调查对象的原始信息的一种调查方法。

实地调查法可分为观察法、询问法和实验法。

1. 观察法

观察法是指由调查人员根据研究目的，通过自身的感官和辅助仪器，有目的、有计划地对处于自然情境下的人、物体、事件进行系统感知和观察的一种科学研究方法。观察法主要有直接观察法、行为记录法和实际痕迹测量法。

直接观察法

2. 询问法

询问法是一种双向调查法，是将所要调查的事项以当面、书面或电话的方式，向被调查者提出询问，以获得所需要的资料，是市场调查中最常见的一种方法。

询问法主要分为面谈调查法、电话调查法和邮寄调查法三种。

1）面谈调查法

面谈调查法指通过与被调查者面对面地直接交谈，调研人员对有关问题提出询问，并当场记录被调查者提供的答案，以获取所需资料的一种调查方法。调研人员在面谈之前，应当熟悉所要调研的问题，明确问题的核心和重点，并应事先熟悉调查提纲。询问时既可按提纲顺序提问，又可自由交谈，但一般应遵循设计者的安排。

面谈调查法

面谈调查法可采用个别面谈调查法（见图2-1-4）和小组面谈调查法（召开调查会议）（见图2-1-5）两种形式。个别面谈时调查员到消费者家中、办公室或在街头进行一对一面谈。小组面谈是邀请6~10名消费者，由有经验的调查者组织对方讨论某一产品、服务或营销措施，从中获得更有深度的市场信息。

图2-1-4 个别面谈调查法

图2-1-5 小组面谈调查法

2）电话调查法

电话调查法指由调研人员根据调查问卷，通过电话向被调查者询问意见、收集资料的方法，如图2-1-6所示。

图2-1-6 电话调查法

3）邮寄调查法

邮寄调查法指调研人员将设计好的调查问卷或表格邮寄给被调查者，要求被调查者自行填妥寄回，以收集所需资料的办法。采用此法时，一般附有回邮的信封和邮票并可采取赠送纪念品的办法。

3. 实验法

实验法是把调查对象置于一定的条件下进行小规模实验，从而获得市场信息的方法。此法较科学，可以有控制地分析、观察某些市场变量是否存在因果关系以及影响程度，如新产品试销实验、试用实验、展销实验等。

实验法

 在线测验

在线测验

 成果提交

成果提交

拓展提升

一、拓展任务

拓展任务

二、拓展训练

1. 汽车配件消费需求调查主要从哪些方面着手进行？
2. 汽车配件营业状况的观察调查包括哪些方面？

任务 2-2　汽车配件市场调查程序

任务引入

小李所在的公司准备在 A 市开一家配件连锁店，经理将这个任务交给小李，要求小李到当地进行市场调查。万事开头难，小李首先想到要制订一个切实可行的市场调查计划。

如果您是小李，也请设计一下市场调查步骤，应该包括哪些内容呢？

任务描述

在进行汽车配件市场调查过程中，有一个完整的市场调查计划可以起到事半功倍的效果，也便于在后期的工作中及时查缺补漏，及时修改补充调查计划。所以，汽车配件市场调查首先要制订市场调查计划，之后针对调查目标设计调查表格，并最终形成市场调查报告。

学习目标

- 专业能力

(1) 了解汽车配件市场调查计划制订过程。
(2) 掌握汽车配件市场调查表格设计方法。
(3) 能够进行配件市场调查报告的撰写。
(4) 能够掌握进行汽车配件市场调查预测的方法及撰写预测报告。

- 社会能力

(1) 树立服务意识、效率意识和规范意识。
(2) 强化人际沟通和客户关系维护能力。
(3) 树立学生诚实守信的工作作风。

- 方法能力

(1) 利用多种信息化平台进行自主学习的能力。
(2) 运用多方资源解决实际问题的能力。
(3) 自主学习与独立思维能力。

诚信，人生的渡船

一、汽车配件市场调查计划制订

（一）确定调查目标

这是在任何一个市场调查计划中都应首先写明的。目标确定后，才能确定达到该目标所需的人、财、物，在有限的预算条件下，以最小的资金消耗达到最大的目标；否则，毫无目标，无的放矢就会徒劳无功。确定调查目标时，可参照图2-2-1所示程序进行。

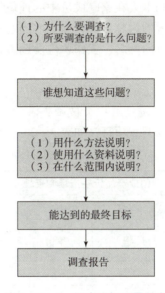

图2-2-1 调查目标设置程序

（二）确定调查项目

为达到既定的调查目标，应选择确定调查项目，即围绕调查目标来确定所需要的信息和统计资料，根据所需信息和资料的内容来拟定调查项目，并通过对调查项目重要程度的分析和排序，分析其对企业市场营运决策的影响作用，以此决定资料的取舍。

（三）决定调查方法

为实现调查目标，必须针对调查项目和调查预算选定调查方法。在选择好调查方法后，还应根据调查方法的要求确定调查地点、调查对象、资料种类、样本数量和抽样方法等，其中特别要注意资料种类和调查对象的选择确定问题。

（四）制订调查实施计划

调查实施计划是调查计划的实施方案，它由调查计划、预算计划、问卷拟定和预试计划、统计计划以及调查实施管理计划构成。

（五）实施试验调查

根据实施计划进行一次小规模的试验调查，目的在于检验或改进实施计划，以确保调查计划的顺利进行。

（六）决定调查计划

正式调查计划只有在实施试验调查，弄清所需时间和经费后才能确定。实施试验计划实际上是对正式调查计划的一个求证补充过程，只有这样才能保证调查计划的实施并取得较好的效果。

二、汽车配件市场调查表设计

市场调查表通常由三部分内容构成，即被调查者项目、调查项目和调查者项目。

被调查者项目主要包括被调查人的姓名、性别、年龄、文化程度、职业、家庭住址、联系电话和本人在家庭成员中的地位等。

调查项目就是将所要调查了解的内容具体化为一些问题和备选答案。

调查者项目主要包括调查人员的姓名、工作单位及调查日期等。这些项目主要是为了明确责任和方便查询而设。

（一）市场调查表格的类型

（1）单一表格。其指一张调查表只由一个被调查者填写或回答。由于只填写一个被调查者的情况，因此可以容纳较多的调查项目，如表2-2-1所示。

表2-2-1 同业产品价格市场调查表

同业产品价格市场调查表					
企业名称					
品名	规格	厂牌	单价	价格来源根据（发票或经办人）	对品质价格的评价
说明			调查时间		

（2）一览表。其指在一张调查表中包含若干个被调查者及其意见或基本情况（见表2-2-2）。在一览表中，由于容纳的被调查者较多，因此设置的调查项目就应当少些。

表2-2-2 某地展销会展销情况调查表

××展销会展销情况调查表						
序号	参展单位	产品名称	规格型号	展销价格	已售件数（不包括订购件数）	已订购件数
调查员：				调查时间：		

（3）问卷。其指采用访问调查法时记录被调查者意见的文卷。若将单一表的线框删去，并将其文字化，便构成问卷。它比单一表能容纳更多的调查项目，且能搜集更系统、更详细的资料，所以经常被企业采用。

【案例】

某公司汽车市场调查问卷

本公司以科学方法挑选，您是选中的代表之一。因此，需要听取您的意见，耽误您几分钟，谢谢合作。

Ⅰ. 姓名：_____ 住址：_____
　　邮编：_____ 电话：_____

Ⅱ. 家里有汽车吗？
有□　没有□

Ⅲ. 若"有"，请回答（1）~（3）栏。

（1）何时购买的？
1991年以前□　1991—1996年□　1997—2000年□　2001—2006年□

（2）牌子是_____ 产地是_____

（3）使用过程中，最大缺点是：
比较耗油□　不太安全□　易出故障□　操作不方便□
其他_____

Ⅳ. 若"没有"，请回答（4）~（7）栏。

（4）未购买的原因是：
收入低□　住房条件不好□　怕不安全□　其他_____

（5）如您要购买，您喜欢哪种类型？
微型轿车□　普通轿车□　越野轿车□

（6）若要购买，您打算什么时候购买？
2006年年底前□　2006—2010年□　2011年以后□

（7）如以下条件不能同时满足您，您最优先考虑选择哪一种？
省油的□　操作方便的□　不易出故障的□　其他_____

填表说明：
Ⅰ. 对选中的答案，在该答案后的方框"□"中填写"√"符号。
Ⅱ. 在有"_____"的地方，必要时，请填写相应意见。
调查员：_____ 调查时间：____年____月____日

【分析】

一份问卷应具备完整的结构，使被访者能够清晰地了解问卷的目的和内容，并且对于问题的形式应丰富，内容要围绕调查目的展开。

（二）调查项目的设计

调查项目设计的关键就在于怎样命题以及如何确定命题的答案。一般情况下，调查项目中有以下三类问题：

（1）开放式问题，即自由回答式问答题。其做法是调查表上没有拟定可选择的答案，所提出的问题由被调查者自由回答，不加任

问卷调查项目的设计

何限制。

（2）封闭式问题。其做法是对调查表中所提出的问题都设计了各种可能的答案，被调查者只要从中选定一个或几个答案即可。

（3）度量性问题。在市场调查中，往往涉及被调查者的态度、意见和感受等有关心理活动方面的问题。这类度量性问题通常用数量方法来加以判断、测定，其实施工具就是态度测量表。

（三）设计市场调查表的注意事项

市场调查表不是随意设计的，要将其设计科学，就必须注意以下几个问题：

（1）所列项目应当是客观而又必要的。

（2）所提问题应当是准确的。

【案例】

1. 您认为某品牌行车记录仪是价格合理和功能强大的设备吗？
   A. 是　B. 不是
2. 您认为该规格机油是否更适用于压缩比高的发动机？
   A. 是　B. 不是

【分析】

以上设计的问题均存在错误。第一题属于问句含糊不清，被访者在回答时会出现双重含义。第二题属于使用了专业名词，对于普通消费者而言有可能不知该如何回答。因此，在进行问题设计时要多注意这类情况。

（3）设计方案应当是可行的。

三、汽车配件市场调查报告的撰写

（一）市场调查报告的组成

市场调查报告一般是由题目、目录、概要、正文、结论和建议、附件等几部分组成的。

汽车配件市场调查报告的撰写

（二）调查报告撰写步骤

（1）构思。调查报告的构思过程主要是收集资料，认识客观事物，判断推理，确立主题思想，编写详细提纲。

（2）选取数据资料。必须对所收集的数据资料分析研究，加以判断，才能挑选出符合选题需要，最能够反映事物本质特征，形成观点，作为论据的准确资料。

（3）撰写初稿。根据撰写提纲的要求，由单独一人或数人分工负责撰写，各部分的写作格式、文字数量、图表和数据要协调，统一控制。

（4）定稿。写出初稿，征得各方意见进行修改后，就可以定稿，使最终报告较完善、较准确地反映市场活动的客观规律。

四、汽车配件市场调查预测方法及撰写预测报告

(一) 定性预测法

1. 影响汽车配件需求量的因素

影响汽车配件需求变化的主要因素有：

(1) 国家政策和社会经济形势的变化。

(2) 社会商品购买力及其投向的变化。

(3) 人口变化。

(4) 消费心理差异。

(5) 价格的变化。

2. 用定性预测法预测汽车配件需求量

定性预测法是依靠人的观察与分析，借助于经验和判断力进行的预测，偏重于预测事件未来发展的方向、性质和发展阶段，不涉及数量或不重视数量的精度。定性预测的结果只能是定性结果而不是定量变化的结果。定性预测法包括专家征询法、经验估计法、用户调查法和综合意见预测法。

(1) 专家征询法。专家征询法主要是采用表格形式或问卷形式，以匿名方式通过几轮函询，征求专家们的意见。当专家们的意见一致时，预测人员就对最后一轮的征询表格或问卷进行统计整理，得出预测结果。

专家征询法

(2) 经验估计法。经验估计法是依据熟悉业务、具有经验和综合分析能力的人员所进行的预测，具体包括经理人员评判法和推销人员估计法两种形式。

(3) 用户调查法。用户调查法就是通过电话、信函和面谈方式，了解用户需求情况和意见，并在此基础上分析未来的需求趋势，做出预测的方法。用户调查法比较简单，在消费品和生产资料的需求预测中都可应用这种方法，预测生产资料需求比预测消费品需求结果更准确。

(4) 综合意见预测法。综合意见预测法集中各方面的管理人员、业务人员和有关专家，能充分发挥集体智慧，且有较强的系统性、全面性，因而做出的预测结果是比较符合实际，有一定可靠性的。

(二) 定量预测法

定量预测法用数学表达式或数学模型来表示需求和各种变量之间的关系。定量预测的方法很多，其中主要有算术平均法、移动平均法和指数平滑法。

1. 算术平均法

算术平均法是简易平均法中的一种，它是通过一组已知的统计资料或观察值求取平均数来进行预测的方法，主要适用于市场配件销售的预测。其计算公式为：

$$y'_{n+1} = \frac{\sum_{i}^{n} y_i}{n} = \frac{y_1 + y_2 + \cdots + y_n}{n}$$

式中，y'_{n+1} 表示第 $n+1$ 期销售量的预测值；y_i 表示第 i 期实际销售量，$i = 1, 2, \cdots, n$；n

表示所选资料期数。

下面举一个例子：

某汽车交易市场12个月的汽车销售量依次为30、35、20、26、32、38、47、50、42、36、55、58台，利用算术平均法预测第13个月销售量为：

$$y'_{13} = \frac{30+35+20+26+32+38+47+50+42+36+55+58}{12} = 39（台/月）$$

从上述计算可知，该市场第13个月的汽车销售量预计为39台。算术平均法计算简单，使用起来很方便，但把用全部资料之和除以求和时使用的资料个数而求得的算术平均值直接作为预测值，其精确度不会很高，而且因为使用的都是过去统计的资料，无法反映市场的变化及发展趋势，所以预测结果往往与实际结果有偏差。

2. 移动平均法

移动平均法是根据已有的时间序列统计数据对其加以平均化，以此推断未来发展趋势的方法。所谓移动平均，就是将已有的时间序列数据分段平均、逐期移动，经移动平均后就能消除周期性变动或突然事件的影响因素，这种方法一般只适用于变化不大的短期预测对象。

移动平均法

移动平均法可分为一次移动平均法、二次移动平均法和加权移动平均法三种形式。

例如，一次移动平均法。一次移动平均法是通过一次移动平均进行预测，它按选定段的大小，对已有的时间序列数据逐段平均，每次移动一个时段。具体做法就是把最后一期的移动平均值作为下一期的预测值，其计算公式如下：

$$y'_{n+1} = \frac{1}{k}\sum_{i}^{n} y_i$$

式中，y'_{n+1} 表示第 $n+1$ 期的一次移动平均预测值；y_i 表示第 i 期实际销售值，$i=(n-k+1)$，$(n-k+2)$，…，n；k 表示移动跨期。

下面举一个实例：

某汽车配件商店2015年前10个月的销售额与预测值如表2-2-3所示。

表2-2-3 某汽车配件商店2015年前10个月的销售额与预测值

期数	实际销售额/万元	五期移动平均数（$k=5$）/万元	七期移动平均数（$k=7$）/万元	期数	实际销售额/万元	五期移动平均数（$k=5$）/万元	七期移动平均数（$k=7$）/万元
1	50			7	68	49.4	
2	51			8	58	52.8	52.1
3	49			9	48	54.6	53.3
4	40			10	78	56.2	52.9
5	55			11		60.8	57
6	52	49					

现分别以 5 个月和 7 个月作为移动跨期，预测第 11 个月的销售额，计算结果列于上表。

那么，当 $k=5$ 时，则第 11 个月的预测值为：

$$y'_{11} = \frac{1}{5} \times (52+68+58+48+78) = 60.8 \text{（万元）}$$

那么，当 $k=7$ 时，则第 11 个月的预测值为：

$$y'_{11} = \frac{1}{7} \times (40+55+52+68+58+48+78) = 57 \text{（万元）}$$

应用一次移动平均法时，要注意移动跨期 k 的取值，k 取值不同，移动平均值也不同。k 取值大，预测值的趋势性比较平稳，但落后于可能发展的趋势；k 取值小，移动平均值反映实际趋势较敏感，但预测值的趋势性起伏比较大。k 的取值到底多大，应视具体情况而定。

3. 指数平滑法

指数平滑法是从加权移动平均法基础上发展而来的，实质上属于一种特殊的加权移动平均法。它把实际的统计资料划分为近期和远期两大类，按不同的权数对各期数据加以平均，来预测未来值。

（三）撰写预测报告

预测报告是对整个预测工作的总结，预测预告一般包括以下内容：

1. 预测题目

预测题目一般明确地表示调查内容，如《2017 年汽车市场需求预测》，有时也可用副标题说明正标题。

2. 预测时间

预测时间包括预测进行的时间和预测的目标时间，如在 2017 年对 2018 年的预测，前者是预测进行时间（2017 年），后者是预测的目标时间（2018 年）。

3. 参加预测人员

对预测人员的介绍有利于评价预测的准确程度，一般来说，专家对相关内容的预测较能综合反映未来的趋势。

4. 预测目标

预测目标是预测的目标，是某一事物未来的趋势或状态，如 2018 年的汽车需求等。

5. 预测内容

围绕着预测目标，预测内容可以分为各部分，如围绕着 2018 年的汽车市场预测，预测内容一般包括 2018 年的汽车供给量、需求量以及各种汽车的供给量、需求量（如轿车、载货车）等内容。

6. 预测方法

对相同的问题，可以采取不同的预测方法，如定量预测和定性预测，以及具体的某预测方法。采用不同的预测方法，可能有不同的预测结果。

7. 预测结果

通过预测可以得到结果，它可以是具体的数量，也可以是某种趋势。

8. 分析评价意见

对预测结果进行分析评价，有利于正确利用预测结果。

在线测验

在线测验

 成果提交

成果提交

一、拓展任务

拓展任务

二、拓展训练

1. 针对部分配件的质量情况及客户满意度等内容进行调查之后，设计一份市场调查问卷。

2. 影响汽车配件需求量的因素有哪些？

项目三
汽车配件采购

采购是指企业在一定的条件下从供应市场获取产品或服务作为企业资源,以保证企业生产及经营活动正常开展的一项企业经营活动。本项目将从汽车配件日常采购工作、汽车配件供应商管理、汽车配件订货管理和汽车配件入库管理等任务展开。

任务 3-1　汽车配件日常采购工作

任务引入

王涛大学毕业后，想自己创业，由于他学的专业是汽车维修，对汽车构造知识比较了解，加之现在市场上汽车的保有量越来越多，因此他想开个汽车配件商店。我们知道，经营企业最重要的是用较低的成本获取较高的利润，所以采购工作很重要。可是他不知道如何寻找货源，不清楚采购的流程。虽然网上有很多相关信息，但涉及汽车配件的具体采购工作有哪些，如何使公司盈利，确实是很重要的事情。

如果您是王涛，需要怎样经营才能使汽车配件购进的成本最低，获取更大的利润空间呢？

任务描述

汽车配件的采购管理是一件复杂而重要的工作，它涉及公司的生存问题。所以，本任务中王涛首先面临的是了解日常的采购工作，也就是熟悉采购流程问题。

汽车配件的采购管理工作通常包括汽车配件采购方式和原则、采购流程、物流配送、产品质量跟踪及返货流程，这些非常重要，如果疏忽了任何一个环节，将使采购成本大大增加。

学习目标

- 专业能力

（1）能够运用相关流程熟练进行日常采购工作。

（2）能够掌握采购流程、物流配送、产品质量跟踪及返货流程等汽车配件采购工作的知识和技能点，能够熟练进行日常采购工作。

- 社会能力

（1）树立服务意识、效率意识和规范意识。

项目三 汽车配件采购

学习目标

（2）强化人际沟通和客户关系维护能力。
（3）树立爱岗敬业的职业道德和严谨务实勤快的工作作风。
- 方法能力
（1）利用多种信息化平台进行自主学习的能力。
（2）运用多方资源解决实际问题的能力。
（3）自主学习与独立思维能力。

汽车配件日常采购工作
（学习手册）

相关知识

一、汽车配件采购方式和原则

采购商进行采购，一是为了满足生产需要；二是要科学地确定采购数量。因此，采购时要注意采购的方式和原则。

汽车配件采购方式和原则

（一）汽车配件采购的方式

汽车配件销售企业在组织进货时，要根据企业的类型、各类汽车配件的进货渠道以及汽车配件的不同特点，利用不同的采购方式，合理安排组织进货。通常企业可以采用以下采购方式：
（1）集中进货。
（2）分散进货。
（3）集中进货与分散进货相结合。
（4）联购合销。

（二）汽车配件采购的原则

企业采购过程中要遵循5R原则，才能使采购效益最大化。5R原则采购就是在适当的时候以适当的价格从适当的供应商处买回所需数量商品的活动。采购必须围绕"价""质""量""地""时"等基本要素展开工作。

汽车配件在组织进货时，还应注意掌握以下两条原则：
（1）要贯彻"五进、四不进、三坚持"的原则。
（2）坚持合理库存的原则。

二、采购流程

采购流程是指有生产需求的企业购买生产所需的各种原材料、零部件等物料的全过程。通常传统采购的一般流程由以下七个步骤组成（见图3-1-1）。

传统采购模式以各个单位的采购申请单为依据，以填充库存为目的，管理比较简单、直接，市场响应不灵敏，库存量大，资金积压多，库存风险大。现在，许多企业已经采取现代采购技术来完成采购任务，实现科学采购。

传统采购流程

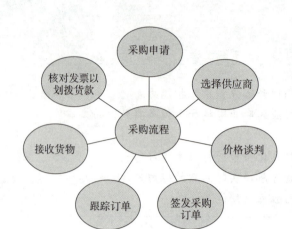

图 3-1-1 传统采购的一般流程

三、物流配送

物流配送是现代流通业的一种经营方式。物流是指物品从供应地向接收地实体流动的过程。配送指在经济合理区域范围内，根据客户要求，对物品进行拣选、加工、包装、分割和组配等，并按时送达指定地点的物流活动。

汽车零部件物流配送的模式

（一）物流配送方式

我国物流配送方式主要有自营配送、第三方配送和共同配送三种模式。

1. 自营配送模式

自营配送模式是当前生产流通或综合性企业（集团）所广泛采用的一种配送模式。

2. 第三方配送模式

第三方配送模式是指由物流劳务的供方、需方之外的第三方去完成物流服务的物流运作方式。

3. 共同配送模式

共同配送也称共享第三方物流服务，指多个客户联合起来共同由一个第三方物流服务公司来提供配送服务。

物流配送的方式和流程

（二）物流配送流程

物流配送的基本流程环节有备货、储存、分拣及配货、配装、配送运输、送达服务和配送加工，如图 3-1-2 所示。

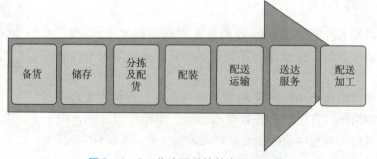

图 3-1-2 物流配送的基本流程环节

（三）汽车零部件物流配送

汽车物流是涉及面最广、技术复杂度最高的领域之一，而零配件物流配送又是物流系统良性运作并持续优化的关键环节。汽车制造厂商一般采取的是外协零配件、流水线式装配生产模式，因此范围广、统筹调度难、影响可变成本的因素多，使其物流配送具有更高的难度。大型的汽车制造厂商每天都可能有几个品种、几百辆不同型号的汽车下线，在生产流水线上，尤其是在大批量生产的汽车组装流水线上，要准确地向流水线上不同的车型提供相应的零配件。一旦所需要的零配件没有及时到达生产线，而导致生产线停止，其后果是很严重的，将造成巨大的损失。例如，上海德邦物流专业受理上海至全国各地的整车、零担往返公路运输业务，自备各种类型平板、半挂、箱式、保温冷藏车。100多个网点辐射全国，所以无论客户的货到全国哪里，只需来一个电话，各站点开设客服中心对货物进行24 h不间断跟踪，及时向客户反馈信息。

四、产品质量跟踪及返货流程

产品质量跟踪，是目前国内外广泛采用的一种质量管理方法。它在市场调查、售后服务、质量改进、新产品研制开发及产品寿命周期质量监控等方面发挥着重要作用。

产品质量跟踪的分类

（一）质量跟踪的分类

1. 按跟踪时间可分为三类

（1）长期质量跟踪。

（2）短期质量跟踪。

（3）临时性质量跟踪。

2. 按跟踪地点可分为两类

（1）国外质量跟踪。

（2）国内质量跟踪。

3. 按跟踪目的可分为三类

（1）调查性质量跟踪。

（2）服务性质量跟踪。

（3）监控性质量跟踪。

4. 按跟踪内容可分为两类

（1）全面质量跟踪。

（2）专题质量跟踪。

（二）质量跟踪的方法

产品质量跟踪的方法有很多种，主要有邮寄质量跟踪卡、现场发放质量跟踪卡、电话跟踪、向外场派常驻人员、上门走访、集中征求用户意见、利用网点跟踪、用户评议与专家评审相结合。质量跟踪方法并不是一成不变的，可根据实际需要随时变换跟踪。

产品质量跟踪的方法

（三）返货流程

为了保证企业库存商品结构的合理性，降低库存商品金额，提高商品周转率，降低企业损耗，促进与供应商建立平等、互利、良

产品返货流程

好的合作关系，需要制定配件采购的返货流程。

当采购物品出现质量问题时，为及时处理不合格材料，保证经营顺畅进行，应该按照流程进行退换货业务，以保证正常业务进行。具体业务流程如图3-1-3所示。

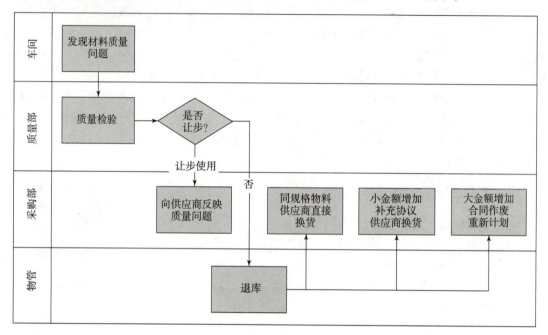

图3-1-3 采购退换货业务流程

在线测验

成果提交

一、拓展任务

拓展任务

二、拓展训练

1. 共同配送模式的含义是什么？
2. 为什么要制定配件采购的返货流程？

任务 3-2　汽车配件供应商管理

任务引入

甲汽车生产企业的采购人员经常会遇到一个棘手的问题：企业一般是采购 A 公司的发动机出水管，但一段时间后 B 公司的产品质量超过了 A 公司，而且价格更低，这该怎么办呢？选 A 公司还是选 B 公司呢？如果选 B 公司，那企业和 A 公司的关系也就终止了。如果又有 C 公司的质量、价格优于 B 公司，要不要建立新的关系呢？

任务描述

供应商是指为企业生产提供原材料、设备、工具及其他资源的企业。供应商可以是生产企业，也可以是流通企业。采购就是直接和供应商打交道而从供应商那里获得各种物资的过程。汽车配件的供应商管理，是一件很重要的工作。对企业而言，供应商良莠不齐，要有效地完成采购工作，寻求合格的供应商是首要任务之一。所以，本任务中甲汽车生产企业的采购人员首先面临的是了解供应商的诚信，熟悉供应商评价方法，并对供应商进行审核。

汽车配件的供应商管理通常包括汽车配件供应商的评价与选择、供应商绩效考核和供应商关系管理等工作，如果忽略任何一个环节，将使企业运营成本大大增加。

学习目标

- 专业能力

（1）熟悉选择供应商的步骤。
（2）能够熟练运用供应商评价与选择的方法。
（3）掌握供应商综合评价指标体系的构建。
（4）了解如何建立和维持双赢的供应商关系。

- 社会能力

（1）树立服务意识、效率意识和规范意识。
（2）强化人际沟通和客户关系维护能力。
（3）树立爱岗敬业的职业道德和严谨务实勤快的工作作风。

项目三
汽车配件采购

 学习目标

● 方法能力
(1) 利用多种信息化平台进行自主学习的能力。
(2) 运用多方资源解决实际问题的能力。
(3) 自主学习与独立思维能力。

汽车配件供应商管理
（学习手册）

 相关知识

一、汽车配件供应商的评价与选择

供应商管理的首要工作，就是要了解资源市场，选择合适的供应商。良好的供应商可以保证顺畅的物料供应，可以保证稳定的物料品质，可以保证交货期和交货数量等。

汽车配件供应商的分类

（一）汽车配件供应商的分类

企业可按供应商提供产品的重要程度以及供应商对本企业的重视程度和信赖因素，将供应商划分成若干个群体。

1. 按供应商的重要性分类

依据供应商对本企业的重要性和本企业对供应商的重要性进行分析，供应商可以分成四类（见图3-2-1）：

（1）重点型供应商。
（2）商业型供应商。
（3）伙伴型供应商。
（4）优先型供应商。

图3-2-1 按供应商的重要性分类

2. 按80/20规则分类

供应商80/20规则分类法的理论基础是物品采购的80/20规则，供应商分类80/20规则如图 3-2-2 所示。

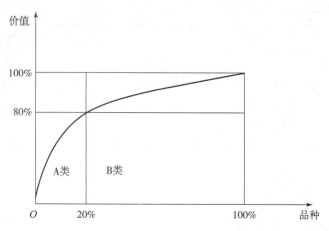

图 3-2-2　按 80/20 规则分类

3. 按供应商的规模和经营品种分类

按供应商的规模和经营品种进行分类，常以供应商的规模作为纵坐标，经营品种数量作为横坐标，进行矩阵分析，如图 3-2-3 所示。

图 3-2-3　按供应商的规模和经营品种分类

（二）评价与选择供应商的要素

选择供应商时有许多因素需要考虑，产品或服务质量以及按时运送都很重要。另外，各因素的重要性因企业而异，甚至因同一企业里的不同产品或服务而异。选择供应商最基本的要素包括质量、价格、交货能力、服务、柔性和位置。

评价与选择供应商的要素

（三）供应商综合评价指标体系

通常，供应商综合评价指标体系包含三个层次，如图 3-2-4 所示（其中第三层略）。第一层是目标层，包含企业业绩、业务结构/生产能力、质量系统和企业环境四个主要因素；影响供应商选择的基本因素建立在指标体系的第二层，与其相关的细分因素建立在第三层。

（四）供应商评价与选择的步骤

评价与选择供应商的步骤有：

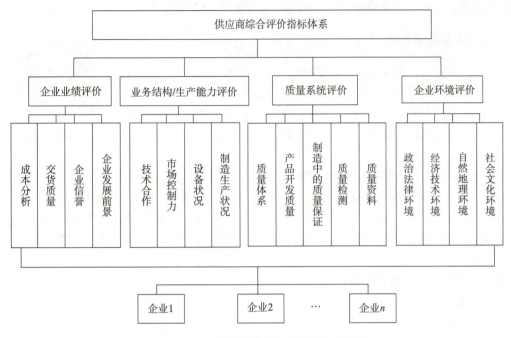

图 3-2-4 供应商综合评价指标体系结构

1. 成立供应商评价与选择小组

供应商的评价与选择是一个集体决策过程，需要各业务部门的人员共同参与讨论、共同决定，获得各个部门的认可。因此，企业必须成立一个工作小组来进行供应商的评价与选择。

2. 确定候选供应商

通过供应商信息数据库以及采购人员、销售人员或行业报纸杂志、网站等渠道了解市场上能提供所需物品的供应商，并进行初步的筛选，留下几家符合企业要求的候选供应商进行详细的评价与选择。

3. 制定供应商评价与选择标准

企业应在体现科学性、灵活性、稳定性和特殊性的基础上制定供应商评价与选择的标准，确定能体现供应商服务水平的重要因素，列成因素指标并给每个指标分配合适的权重。

4. 评价供应商

为了保证评价的客观性与可靠性，应当对候选供应商进行实地调查。根据候选供应商的供应能力，参照收集的有关供应商生产运作等方面的信息资料，利用一定的工具和技术方法对供应商进行评估和排序。

5. 确定供应商

在综合考虑了各方面的重要因素之后，根据给每个候选供应商打出的综合评分，确定最佳的供应商作为企业的供应商。

（五）供应商评价与选择的方法

供应商评价与选择的方法较多，一般要根据供应单位的多少、对供应单位的了解程度以及对物资需要的时间是否紧迫等

供应商评价与选择的方法

因素来确定。主要有：主观经验法、数学计算法和新的选择决策。

二、供应商绩效考核

供应商绩效考核是指对现有供应商的日常表现进行定期监控和考核。对供应商进行绩效考核，一方面可以鉴别出最好的、可信赖的供应商；另一方面可以与供应商保持良好的合作关系，提高对整个企业运营的预见性，避免发生突发事件造成不良影响，为进一步的价值增值提供机会。

供应商绩效考核的目标和原则

（一）供应商绩效考核的目标和原则

1. 供应商绩效考核的目标

供应商绩效分析的主要目的是确定供应商供应的质量和供应是否能按照企业的要求及时完成，它是通过供应商之间的比较，发现、保留并固定有效的供应商，淘汰绩效差的供应商的依据。

2. 供应商绩效考核的原则

（1）持续性原则。

（2）全面性原则。

（3）整体性原则。

（二）供应商绩效考核的准备工作和范围

1. 供应商绩效考核的准备工作

供应商考核工作通常由采购人员牵头组织，品质、策划等人员共同参与。一般认为供应商考核的准备工作主要有以下几步：

（1）设定考核准则，考核准则要体现多功能特征。

（2）设定考核指标，考核指标要明确、合理，与企业的大目标保持一致。

（3）确定考核的具体步骤并文件化。

（4）选择考核的供应商，将考核方法、标准及要求同相应的供应商进行充分沟通。

（5）成立考核小组，小组成员包括采购员、品质员、企业策划员和仓管员等。

2. 供应商绩效考核的范围

不同的单位针对供应商的分析要求不同，相应的考核范围也不一。最简单的做法是仅衡量供应商的交货质量；成熟一些的企业，除考核质量外，也跟踪供应商的供货表现；较先进的系统则进一步扩展到供应商的指导与服务、供应商参与本企业产品开发等表现，也就是由考核订单交单实现过程延伸到考核产品开发过程。

（三）供应商绩效考核的指标

考核供应商绩效的指标有质量指标、交货期指标、价格指标和配合度指标。

供应商绩效考核的指标

三、供应商关系管理

供应商关系管理是企业供应链上的一个基本环节，用来改善与供应链上游供应商的关系。

供应商关系管理是一种以"扩展协作互助的伙伴关系、共同开拓和扩大市场份额、实现双赢"为导向的企业资源获取管理的系统工程。

（一）供应商关系管理的意义

对许多企业而言，与其供应商之间的伙伴关系已经成为它们对资源获取、产品与服务传递的主要模式。建立与供应商战略伙伴关系的意义在于提高效率与规模经济，获取新的市场价值和满足客户的期望与需求。

（二）从买卖关系到伙伴关系的转变

企业与其供应商的关系开始由买卖关系向伙伴关系转变。合作伙伴关系是企业在一个特定的时间内与其供应商就某些产品和服务达成一定的承诺和协议，包括信息共享，分享和分担由于伙伴关系带来的利益和风险，也就是说，伙伴的概念必须建立在合作和信任之上。

（三）供应商关系的分类

企业与供应商之间的关系大致可以分为五种，即短期目标型、长期目标型、渗透型、联盟型和纵向集成型。

（四）双赢供应关系管理

双赢关系模式是一种供应商与生产商之间共同分享信息，通过合作和协商的相互行为。

双赢关系已经成为供应链企业之间合作的典范，因此，要在采购管理中体现供应链的思想，对供应商的管理就应集中在如何与供应商建立双赢关系以及维护和保持双赢关系上。

双赢供应关系管理

 在线测验

在线测验

 成果提交

成果提交

一、拓展任务

拓展任务

二、拓展训练

1. 企业与供应商之间的关系有哪几种类型？
2. 供应商评价与选择的方法有哪些？
3. 选择供应商最基本的要素是什么？

项目三 汽车配件采购

任务 3-3 汽车配件订货管理

任务引入

王涛在一家汽车4S店配件部任配件计划员，每月的20日，他都要上报一份准确的配件订货计划给汽车厂家。他需要在下订单之前对各零件现有的库存情况、销售情况做足够的了解，做出订货计划。由于王涛对专业知识非常了解，做出的订货计划在经由领导审批通过后都获得了配件经理的表扬。

那么，如果您是王涛，应该怎样去完成对配件的订货计划工作呢？

任务描述

汽车配件订货的好坏直接影响到配件整体流程能否顺利进行。汽车配件的订货工作主要由配件计划员即订货员完成，所以，本任务中王涛首先面临的是了解配件订货原则，熟悉订货流程问题。

汽车配件的订货管理工作通常包括汽车配件订货方法选择、配件订货原则、配件订货计划制订和配件的订货流程，对于配件计划员来说，这是非常重要的一项工作。

学习目标

- 专业能力

(1) 能够运用相关原则熟练进行订货管理工作。

(2) 掌握汽车配件订货方法选择、配件订货原则、配件订货计划制订和配件的订货流程工作的知识和技能点。

(3) 能够进行配件订货管理工作。

- 社会能力

(1) 树立服务意识、效率意识和规范意识。

(2) 强化人际沟通和客户关系维护能力。

(3) 树立爱岗敬业的职业道德和严谨务实勤快的工作作风。

- 方法能力

(1) 利用多种信息化平台进行自主学习的能力。

(2) 运用多方资源解决实际问题的能力。

(3) 自主学习与独立思维能力。

 **相关知识**

一、汽车配件订货方法选择

4S店的配件是由汽车制造厂家直接供应的,作为订货人员首先应该了解汽车制造厂家的订货流程,熟悉订货业务,选择好合适的订货方法。

汽车配件订货管理（学习手册）

（一）汽车配件订货的目的及实现方法

1. 良性库存

配件订货的目的就是追求"良性库存"。所谓良性库存,就是在一定时间段内以最经济合理的成本,取得合理的备件库存结构,保证向用户提供最高的备件满足率。订货计划员应该不断完善、优化库存结构,保持经济合理的备件库存,向用户提供满意的服务,这应该作为订货计划员的首要目标,加强备件库存管理与维护,争取良好的备件利润。

汽车配件订货目的

2. 如何实现良性库存

配件供应率和存储成本是衡量存货管理水平的标志,库存成本包括订购成本（采购费、验收入库费）、储存成本（占用资金利息、仓库管理费、罚金）。订货时间过早,存货必然增加,使存储成本上升;订货时间过晚,存量可能枯竭,缺货成本上升。订货数量过多,资金必然被挤占,并将增加存储耗费;订货数量过少,配件将会短缺,并要增加订购耗费。由以上分析可知,库存的存在是对资源和资金的占用,然而为了有效防止或缓解供需矛盾,库存又必须存在,提高库存管理水平,制定正确的存货决策,其关键是寻找能保证企业发展需要的物资供应最合理的（而不是最低的）库存成本。库存量与费用的关系曲线如图3-3-1所示。一般地,要提高备件供货率,必须增加库存量,但库存什么配件（库存宽度）、库存多少（库存深度）,通常根据以往的销售记录和近期市场反馈信息来确定库存配件品种的变化、库存量的大小;订购要适时、适量,从而保证企业的生产、维修和销售顺利进行。

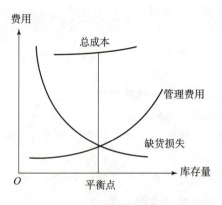

图3-3-1 库存量与费用的关系曲线

总之，要实现良性库存，一是提高零件供应率；二是减少库存，提高收益。具体做法总结起来说就是"精简库存"。实现良性库存的关键在于，依据零件的流通等级确定好库存的深度（库存数量）和宽度（库存品种）。

汽车零件的流通等级是指汽车配件在流通过程中周转速度的快慢程度，根据汽车零件寿命周期长短可以把它们分为快流件（A 类件）、中流件（B 类件）、慢流件（C 类件）三大类，也有些公司分得更细一些，有五六类甚至达十类之多。

零件的流动具有偏向性，最大的销量往往只集中在较少的品种当中，如丰田汽车的零件编号约有 27 万件，接到零件订货项目的 90% 集中在 3 万个零件号中，这 3 万个零件通常被称为快流件；接到零件订货项目的 7% 集中在 9 万个零件号里，这些零件称为中流件和慢流件。而剩下的 3% 订货项目是 15 万个无库存零件号中发出的，如图 3-3-2 所示。

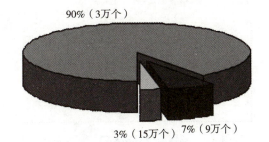

图 3-3-2　最大的销量往往集中在较少的品种中

汽车配件的流通等级反映了汽车配件在流通过程中周转速度的快慢程度，如雪铁龙公司把连续三个月经常使用的消耗性零件及周转性较高的产品称为快流件；把连续六个月内发生，但又属于周转性次高的产品称为中流件；把一年内属偶发性的产品或由于各种原因不利于周转的产品称为慢流件。

一般地，我们会把易磨损和易失效的零件或材料作为快流件，如离合器片、制动器片、制动总泵及分泵、橡胶密封件、机油、轴承、油封、大小轴瓦、大修包、消声器、排气管、高压泵、柱塞、出油阀、前挡风玻璃、密封条、前后灯具、水箱、冷却散热网、万向节十字轴、雨刮片和火花塞等。表 3-3-1 所示为日本五十铃推荐的配件级别。

表 3-3-1　日本五十铃推荐的配件级别

推荐级别	零件使用与更换情况	
A	需要定期更换的零件（在一年内更换）	
B	需要定期更换的零件（在两年内更换），如制动蹄	
C	碰撞时容易损耗的零件	在两年内更换的零件，如保险杠
D		各种灯具、反光镜等零件
E		其他零件
F	易磨损件、易耗件	如油封、橡胶密封件
G		高速相对运动的零件
H		表面接触应力很高的运动零件
J	不易磨损件	在汽车生命周期内不用更换的零件

汽车制造商、汽车零配件经销商的统计结果表明，占零件总数仅 10% 的快流件（A 类件）的销售收入占销售总额的 70%，占零件总数 20% 的中流件（B 类件）的销售收入仅占销售总额的 20%，而占零件总数 70% 的慢流件（C 类件）的销售收入只占销售总额的 10%。零件流通等级与销售额之间的关系如图 3-3-3 所示。

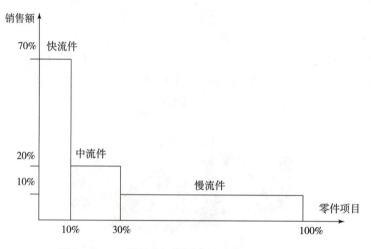

图 3-3-3　零件流通等级与销售额之间的关系

零件的流通级别不是一成不变的，快流件可能会变成中流件，甚至变成慢流件；而中流件和慢流件在一定时期内可能变成快流件。影响和决定零件流通级别的因素是多方面的，主要有车辆投放市场的使用周期；制造、设计上的问题；材料选择不当，设计不合理、使用不合理；燃油、机油选择不当或油质有问题；道路状况；季节性的影响。因此，在配件订货时要充分考虑零件流通等级的影响，科学制订订货计划。

（二）汽车配件订货的方法

从汽车制造厂家备件技术部门设立一个零件编号开始直至该零件停止供应，每一个零件都有其特定的生命周期，配件的订货周期包括三个主要阶段：新零件订货、正常件订货和停产件订货。在这三个不同时期，市场对备件的需求与市场车辆保有量呈相似的曲线，如图 3-3-4 所示。

汽车配件订货方法

二、配件订货原则

1. 采购管理原则

（1）勤进管理原则。
（2）以销定进原则。
（3）以进促销原则。
（4）保管保销原则。

2. 商品购进原则

采购的原则除了要求购进的商品适销对路外，就是要保质、保量。除此之外，购进还应遵循以下原则：

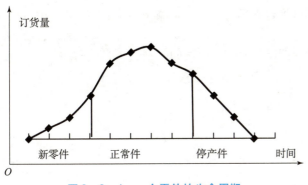

图 3-3-4　一个零件的生命周期

汽车配件订货原则

（1）积极合理地组织货源，保证商品适合用户的需要，坚持数量、质量、规格、型号和价格全面考虑的购进原则。

（2）购进商品必须贯彻按质论价的政策，优质优价，不抬价，不压价，合理确定商品的采购价格；坚持按需采购，以销定进；坚持"钱出去、货进来、钱货两清"的原则。

（3）购进的商品必须加强质量的监督和检查，防止假冒伪劣商品进入企业，流入市场。

3. 大——大订货原则

图 3-3-5 所示为在丰田供应体制下推行的一种订货方式。使用大——大订货原则进行零件库存补充管理，需要在每次订货时点发出订货单，这就可以减少零件库存深度。通过按时订货，不断补充库存到最大库存量。此订货方式的好处是管理精度高，可减少安全库存天数，较小的每单订货数量，易于操作。

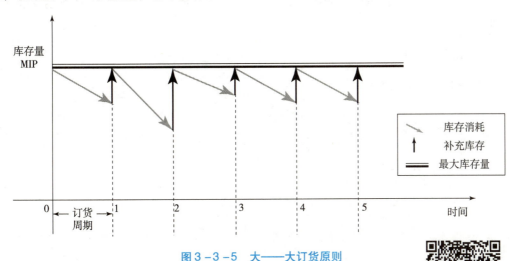

图 3-3-5　大——大订货原则

三、配件订货计划制订

编制订货计划，必须了解各种备件的库存与销售情况，分析销售历史，包括隐形销售和销售趋势，并结合库存状态做出订货计划。订货计划按时间分为年度、半年、季度和月计划四种，一般以季度为主。订货计划经过审批后按订货日期发出。

配件订货计划制订

配件订货计划的构成：配件品种（库存宽度）和配件数量（库存深度）。

1. 配件品种的确定

如果按平均需求量进货，将会出现如图3-3-6所示的问题。

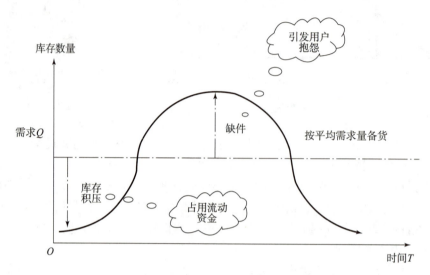

图3-3-6　某一配件需求变化趋势

一般车辆使用寿命10年，前2~3年零件更换少，中间4~5年是零件更换高峰期，最后1~2年零件更换又逐渐减少，变化过程如图3-3-7所示，相应的库存应对方案如图3-3-8所示。

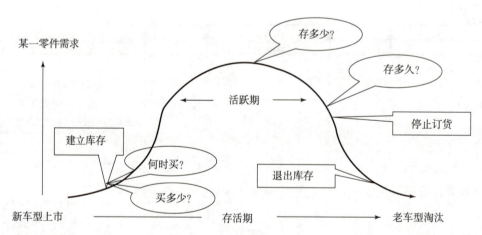

图3-3-7　零件生命周期图

不同状态的零件项目应采取不同的零件管理原则：零件在增长期的项目属非库存管理项目，应采取需一买一的原则；零件在平稳期的项目属库存管理项目，应采取卖一买一的原则；零件在衰退期的项目属非库存管理项目，应采取只卖不买的原则。这样才能在保证最大零件供应率的同时，降低库存金额。

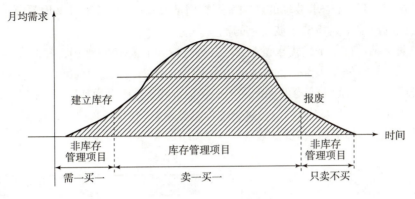

图 3-3-8 库存应对方案

管理库存品种的核心工作就是要确定建立库存和报废的时点。建立库存时点指伴随新车型的上市，原非库存零件开始进行库存管理的时点。报废时点指伴随老车型逐渐从市场中淘汰掉，原库存零件不再进行库存管理的时点。这两点内的零件项目就是我们需要进行库存管理的项目，这两点外的项目就是我们不需要库存管理的项目。为此要制定相应的 Phase-in（建库零件）和 Phase-out（呆滞零件）管理，各经销店可以通过从零件需求的历史记录中统计出的月均需求（MAD）和需求频度，发现零件需求的规律，从而确定需要库存的零件范围，如表 3-3-2 所示。

表 3-3-2 零件需求的规律

项目	增长期		平稳期		衰退期	
月均需求	少	较多	较多	多	少（短期）	少（长期）
需求频度	低	低	较高	高	低（短期）	低（长期）
库存状态	无	不一定	建立库存	库存管理	"停止库存试验"	

2. 配件数量的确定

要确定配件订货的数量，首先应建立目标库存、实际库存和安全库存的概念。

（1）目标库存。目标库存是指从满足用户需求的角度出发建立的一种无论在任何时候，用户的任何需求都能满足的库存状态。

（2）实际库存。实际库存是指在某一时间段仓库实际库存的数量。

（3）安全库存。安全库存实质上是一种最低库存，即在正常订货到达仓库时必须保证的库存数量，否则就会缺件。

①安全库存的计算。

影响安全库存的因素有两个：需求变化和到货周期的波动。

因此，要分别计算需求变化的安全库存和到货周期的安全库存，相加就可得出一种备件的准确安全库存。

$$安全库存（需求的波动）= \frac{最大需求 \times 覆盖率 - 月平均需求量}{月平均需求量}$$

$$安全库存（到货时间的波动）= \frac{最大到货时间 \times 覆盖率 - 平均到货时间}{30 \times 平均到货天数}$$

$$安全库存 =（需求波动的影响 + 到货周期波动的影响）\times 月平均需求量$$

上述公式的覆盖率是指覆盖波动量的范围。

举例说明，某零件月平均需求量是5，但历史最大的需求量是10，我们没有必要满足所有的异常需求，只需满足大部分的需求量变化即可，例如，设定为80%，80%就是覆盖率。

同样道理，到货时间也会有波动，最长到货时间可能会比平均到货时间长很多，但没有必要按照最长到货时间计算安全库存，设定一个合理覆盖率，按照覆盖率计算安全库存时间即可。

【例1】某配件月销售量情况如表3-3-3所示。

表3-3-3　某配件月销售量情况调查表

N	$N-1$	$N-2$	$N-3$	$N-4$	$N-5$	合计
25	11	18	22	13	19	108

注：N = 当前月，月平均需求量 = 108/6 = 18。

最长到货时间：20天；平均到货时间：9天；要求覆盖率：80%，则安全库存计算如下：

需求波动的影响 = $(25 \times 80\% - 18)/18 = 0.111\,1$；

到货周期波动的影响 = $(20 \times 80\% - 9)/(9 \times 30) = 0.025\,9$；

安全库存 = $(0.111\,1 + 0.025\,9) \times 18 = 2.4$。

②月订货需求的计算。

以正常配件订货为例，根据目前企业的实际情况，考虑订货周期、到货周期和安全库存周期（考虑需求的变化、到货周期的波动），建议配件的库存储备应维持2个月的销量。所以，月订货需求的计算公式如下：

$$建议月订货量 = 月均销量 \times 2 - 实际库存 - 在途数量 - 欠拨数量$$

公式中的实际库存，为考虑到订货周期、到货周期和安全库存，必须进行补充订货的配件仓库库存数量的临界数量，亦称为再订货点。影响再订货点的因素：配件的月度平均销量、配件订货周期、配件到货周期和配件库存周期。

再订货点计算公式：

$$再订货点 = 月度平均销量 \times （平均订货周期 + 平均到货周期 + 安全库存周期）/30$$

注：再订货点作为参考数据有一定的时效性，请定期进行计算和调整（建议按照季度进行计算调整）。

【例2】某配件月销售量情况如表3-3-4所示。

表3-3-4　某配件月销售量情况调查表

N	$N-1$	$N-2$	$N-3$	$N-4$	$N-5$	合计
25	11	18	22	13	19	108

注：N = 当前月，月平均需求量 = 108/6 = 18。

平均订货周期：7天；平均到货时间：9天；安全库存周期：2天。再订货点计算如下：

$$再订货点 = 18 \times (7 + 9 + 2)/30 = 10.8$$

当该配件的库存数量下降至11个时，则要考虑订货。

如果没有在途数量和欠拨数量：

$$建议订货数量 = 18 \times 2 - 11 = 25$$

3. 配件订货计划表

某汽车配件商店配件订货计划表如表3-3-5所示。

表3-3-5　某汽车配件商店配件订货计划表

部（组）别：　　　　　　　　　年　月　日　　　　　　　金额单位：元

品名	编号	产地	单位	单价	订货数量	合计金额	备注

部（组）主任：　　　　　　　　　　　　　　　　　计划员：

计划表编制时应注意以下事项：
（1）注意季节性强的配件和促销配件的订货计划。
（2）配件库存盘点报表的利用。
（3）积极推行配件订货计算机及数据库管理。

四、配件的订货流程

丰田汽车配件订货流程

图3-3-9所示为某丰田品牌汽车公司配件订货流程，其根据库存情况把配件订货分为

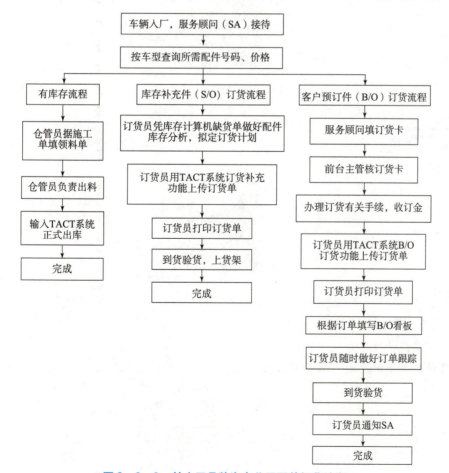

图3-3-9　某丰田品牌汽车公司配件订货流程

有库存、库存补充件（S/O）订货及客户预订件（B/O）订货三种情况。其中，SA：服务顾问的英文简称（Service Assistant）；S/O件：补充库存件；B/O件：客户预定件，当没有库存或库存不足时所发生的替客户做的追加订货。

 在线测验

在线测验

 成果提交

成果提交

一、拓展任务

拓展任务

二、拓展训练

1. 如何实现良性库存？
2. 零件的流通级别是一成不变的吗？

任务 3-4　汽车配件入库管理

任务引入

长春市某物流配送中心根据某企业需要，2015 年 2 月 6 日从长春富维伟世通汽车电子有限公司购入点火线圈 50 个，车身控制模块 10 个，胎压监测模块及传感器 15 个，网关控制模块 20 个。厂家定于 2015 年 3 月 9 日把货物发到仓库。汽车配件部的赵主管要求王涛按照入库通知单完成一批汽车配件的入库作业，并建立好相应的账簿。王涛面对配件和账簿，却不太了解入库验收的要求和流程，特别害怕完不成经理交代的工作任务。

那么，如果您是王涛，应该如何对汽车配件进行入库管理呢？

任务描述

汽车配件入库的情况比较复杂，汽车配件有的在出厂前就不合格，有的在出厂时虽然合格，但经过几次装卸、搬运和运输，致使包装损坏、含量短少、质量受损，甚至使配件失去部分使用价值，或已完全失去使用价值。

汽车配件的入库管理工作通常包括汽车配件入库验收、配件入库流程和配件入库验收发现问题的处理，对于配件管理员来说，入库管理是一项常规性的工作，应该认真完成。

学习目标

- **专业能力**

（1）能够运用相关原则熟练进行入库管理工作。

（2）能够掌握汽车配件入库验收、配件入库流程和配件入库验收发现问题的处理方法。

（3）能够熟练配件入库管理工作。

- **社会能力**

（1）树立服务意识、效率意识和规范意识。

（2）强化人际沟通和客户关系维护能力。

（3）树立爱岗敬业的职业道德和严谨务实勤快的工作作风。

学习目标

- **方法能力**

(1) 利用多种信息化平台进行自主学习的能力。
(2) 运用多方资源解决实际问题的能力。
(3) 自主学习与独立思维能力。

相关知识

一、汽车配件入库验收

汽车配件绝大部分是金属制品，此外还有橡胶制品、工程塑料、玻璃、石棉制品等。在汽车配件入库前一定要按照入库流程对该配件进行严格的检验。

汽车配件入库管理
（学习手册）

汽车零配件的入库验收是按照一定的程序和手续对配件的数量和质量进行检查，以验证它是否符合订货合同的一项工作，它是配件进入仓库保管的准备阶段。

（一）汽车配件验收的依据

1. 验收凭证依据

验收凭证指的是由供应商开具的发票附件——汽车配件销售清单或者发货清单、装箱清单等（或者产品入库单、收料单、调拨单、退货通知单等）。

汽车配件验收的依据

2. 合同依据

维修企业和供应商签有"采购合同"的配件产品，在入库验收时，合同上对配件产品规格、质量等方面的约定也是入库验收的依据。

3. 法律法规依据以及企业制定的验收规范依据

《中华人民共和国产品质量法》《中华人民共和国标准化法》《中华人民共和国计量法》等是配件入库验收的法律依据。不同汽车配件的产品质量标准、包装标准和检验标准是入库验收的操作依据。入库时要根据国家对产品质量要求的标准进行验收。

（二）汽车配件验收的基本要求

1. 及时

配件到货后，要及时开箱验收。配件验收及时，尽快建卡、立账、销售，这样就可以减少配件在库的停留时间，缩短其流转周期，加速企业的资金周转，提高企业经济效益。

汽车配件验收要求和流程

2. 准确

配件入库时应根据入库单所列内容与实物逐项核对，同时要对配件外观和包装认真检查。

（三）汽车配件验收流程

图 3-4-1 所示为汽车配件验收流程。验收流程一般包括：验收准备、核对资料、实物

验收和验收记录。

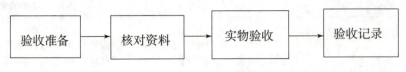

图 3-4-1 汽车配件验收流程

（四）汽车配件验收方法及步骤

1. 配件验收方法

（1）目测法：能够识别的是产品表面质量和表面处理工艺，如电镀工艺、油漆工艺、热处理工艺和包装工艺等。

（2）简单技术手段鉴别法：对于技术性强，一些从表面处理上无法确定质量状况的产品，需要由专职技术人员用仪器进行测定。

汽车配件验收方法

（3）试验法：适用于单件产品价值高、产品技术含量高和产品质量要求高的汽车配件。需要利用专用的检测试验设备进行产品性能测试。

（4）常见的假冒伪劣汽车配件的危害与鉴别。近年来，在利益驱使下，各种假冒伪劣汽车配件充斥市场，假冒的汽车配件与正宗的商品虽然在外观上相差不大，但在内在质量和性能上悬殊，车辆装用假冒伪劣配件后会给车主造成极大的损失，轻者返工复修造成经济损失，重则危及行车安全，甚至造成交通事故。了解一些常见的假冒伪劣汽车备件的危害与鉴别，对配件管理人员而言是非常必要的，如表 3-4-1 所示。

表 3-4-1 常见的假冒伪劣汽车备件的危害与鉴别

备件名称	纯正件特征	假冒件特征	使用假冒件的危害
燃油滤清器	材料及工艺考究，滤纸质感好，粗细均匀，有橡胶密封条。能有效过滤汽油中可能存在的杂质颗粒，与燃油管匹配精确	构造粗糙，滤纸低劣，疏密不匀，无橡胶密封条。过滤效果差，与燃油管的匹配精度低	假冒产品过滤效果差，可能会引起汽油泵及喷油嘴等部件的过早损坏，导致发动机出现工况不良、动力不足及油耗增加等情况
	真假对比图		

续表

备件名称	纯正件特征	假冒件特征	使用假冒件的危害
机油滤清器	采用专业的滤纸材料，过滤性能良好，有可靠的回流阻止机构	内部材料及制造工艺粗糙，过滤性能差，无回流阻止机构或机构不可靠	假冒件由于过滤效果差，容易引起曲轴及轴瓦等主要部件的过早磨损，大大缩短发动机的使用寿命
	真假对比图片		
空气滤清器	制造材料优质，密封效果好，除尘效率高，为发动机发挥最佳工作性能提供保障	材料粗糙，过滤效果差，匹配精度低，不能有效地滤除空气中的悬浮颗粒物	假冒件密封效果差，杂质颗粒容易被吸进发动机，轻则加速发动机气缸和活塞的磨损，重则造成气缸拉伤，缩短发动机的使用寿命
	真假对比图片		
火花塞	采用了优质金属材料，侧面电极是一体加工完成的，并非焊接上去，间隙均匀，采用了优质金属材料，导热性能出色，即使在车速达到 200 km/h 时电极的温度也只有 80℃。内部都会有专门设计的电阻，以减少外界电波的干扰	绝缘材质差，甚至有气孔，防导电的性能也相对较弱，并且内部一般不会安装电阻，所以容易受到外界电波干扰。电极间隙一般不够均匀，绝缘体使用的材料也不够好，导热性能差。速度超过 130 km/h 后电极温度已到达 110℃，临近电极熔断点	由于火花塞的工作环境是高温高压，因此伪劣产品的电极非常容易烧蚀，造成电极间隙过大，火花塞放电能量不足，结果就是冷起动困难，发动机内部积炭增多，起步、加速性能下降，油耗增加
	真假对比图片		

续表

备件名称	纯正件特征	假冒件特征	使用假冒件的危害
刹车片	正规厂家生产的刹车片，包装印刷比较清晰，上有许可证号，还有指定摩擦系数、执行标准等。而包装盒内则有合格证、生产批号、生产日期等。采用先进材料制作而成，可最大限度地降低刹车盘的磨损和热损；制动性能稳定可靠，保证车辆能安全、精准地停车	厚度及形状通常与真品不一致，材质手感粗糙，噪声和振动大，质量和制动性能不稳定	使用假冒刹车片，可能引起制动力不足或制动失灵等情况发生，导致车辆不能正常制动，危害安全行车
真假图片对比			
正时皮带	采用优质复合材料制作，无明显气味，制造工艺精良，匹配精度高，抗疲劳性能强	制造材料及工艺粗糙，有一股臭胶味，匹配精度差，容易磨损和断裂	假冒正时皮带使用寿命短，影响发动机工况，高速行驶时安全隐患较大
真假图片对比			
大灯	从外观上看，正品表面光洁，角度准；而假冒品表面粗糙，不易安装。伪劣产品质量很差，如配光性能不合格、光学性能差，汽车在特殊条件下行驶的安全性将受到很大影响。劣质大灯灯内产生雾气、亮度不足、焦距不集中、射程太近，严重影响行车安全。劣质灯具本身密封不严，在雨天行驶或洗车时，水渗入灯内易生锈，造成线路短路着火烧车		
防冻液	假防冻液外包装非常逼真，但在打开瓶盖后瓶颈上有溢漏的痕迹，这是因为制假厂家灌装设备达不到标准，真防冻液无溢漏状况。假防冻液腐蚀性过大，危害严重，甚至出现腐蚀发动机缸体的情况		
制动总泵	正品有色标、生产编号，外观粗糙，内部精细，制动皮碗耐腐蚀，制动性能好；假冒产品则表面光洁内部不精细，无色标，无编号，皮碗耐腐蚀差，制动性能差，影响行车安全		

汽车配件产品的验收方法多种多样，各种手段需要综合运用，应根据不同的配件采用不同的验收方法，并综合运用。

2. 配件验收步骤

配件验收步骤如图 3－4－2 所示。

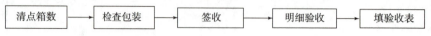

图 3－4－2　配件验收步骤

汽车配件验收步骤

（1）清点箱数。

①接收送货单（或货运单）。货运公司送货到门口时，首先接收送货单（或货运单）（一式两联），做收货准备。（见图 3－4－3）

送　　货　　单　　　　0910842

收货单位：

地　　址：　　　　　　　　电话：　　　　　　　　年　月　日

货号	名称及规格	单位	数据	单价	金额								备注
					十	万	千	百	十	元	角	分	
合计	佰 拾 万 仟 佰 拾 元 角 分				¥								

①存根（白）②客户（红）③回单（黄）

收货单位及经手人（盖章）　　　　送货单位及经手人（盖章）

图 3－4－3　货运公司送货单

②确认送货单（或货运单）内容。确认送货单（或货运单）上收货单位为本公司名称，确认本次收货的日期和收货箱数，准备收货。

③清点数量。按一个包装标签为一个箱头（件数）进行清点，包装标签如图 3－4－4 所示。

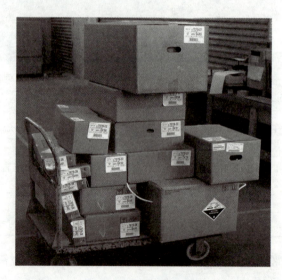

图 3－4－4　包装标签

清点时确认零件包装标签上的公司名称是本公司的名称，确认包装标签下的发货日期与送货单（或货运单）相符，清点后确认收到的件数（符合上述要求的箱头）与送货单（或货运单）上的一致。

（2）检查包装。

对收到的零件逐一检查外包装的完好性，如图3-4-5所示。

图3-4-5　检查外包装

收到的零件外包装不良时，如图3-4-6~图3-4-9所示，应打开不良的包装对内装零件进行检查，内装零件破损时，在货运单上必须注明，拍照后向供货商申请索赔。

图3-4-6　外包装破损

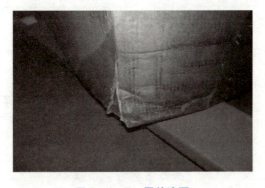

图3-4-7　零件渗漏

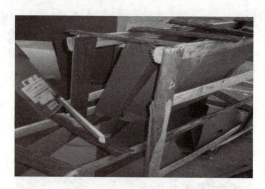

图 3-4-8　外装木箱散架

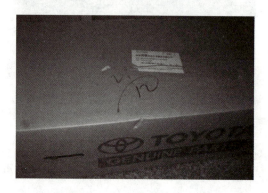

图 3-4-9　外包装有明显痕迹

（3）签收。

必须按以上流程验收后，才能签署送货单（或货运单），签署样本如图 3-4-10 所示。

送　货　单　　　　0910842

收货单位：

地　　址：　　　　　　　　　电话：　　　　　　　　年　月　日

货号	名称及规格	单位	数据	单价	金额								备注
					十	万	千	百	十	元	角	分	
	实收壹拾件												
合计	佰　拾　万　仟　佰　拾　元　角　分				¥								

①存根（白）　②客户（红）　③回单（黄）

收货单位及经手人（盖章）　　　　送货单位及经手人（盖章）

图 3-4-10　签收送货单（一）

①货物无异常时，签收字样为“实收××件，签收人×××，收货日期××××年××月××日”，如图 3-4-10 所示。

②货物数量不符时，签收字样为"实收××件，欠××件，签收人×××，收货日期××××年××月××日"，如图3-4-11所示。

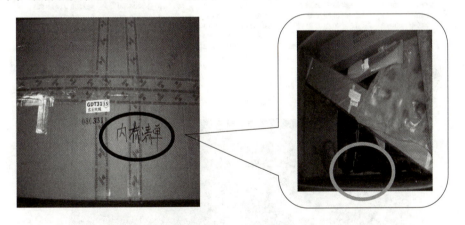

图3-4-11 签收送货单（二）

送货单（或货运单）签署后，一联DLR留存做申请索赔备用，一联交物流公司带回。

（4）明细验收。

①取出发票清单。找到标有"内附清单"字样的箱头，打开包装，在红色胶袋内取出发票清单，准备验货，如图3-4-12所示。

图3-4-12 发票清单

②准备验收工具。准备手推车、篮筐，到货清单平整夹好，准备开箱验货，如图3-4-13所示。

③确认发票清单为本公司清单。

④确认全部待验收的发票清单客户名称为本公司的名称。

⑤根据发票清单逐一验收零件。根据发票清单验收零件，逐一核对零件编码、数量，确认零件是否属于开箱检查的范围，如图3-4-14所示。

以下零件必须开箱检查：

①零件包装不良（包括有明显碰撞痕迹、破损和漏油等）。

图3-4-13 准备验收工具

```
PSO004                   广州丰田服务有限公司之发票清单
客户:(252)三亚丰正华丰田汽车销售服务有限公(    税号:46020079312482X       票号   :5439223
地址:海南省三亚市迎宾大道498号                    邮政编号:572011            日期   :2008.04.02
电话:13807694889         银行:工行东方支行          付款方式:挂账             时间   :12:16.50
运输:汽车                帐户:2201002509200010135  销售类别 S/0              开票员 :DJQ

     零件号码         零件名称        车型    原订单号    单位 数量     价格         金额 货位
  1 17801-58040    *空气滤清器纸芯     BB43   S8040201    件    1     160.50      160.50 A1100511
  2 87139-32010    *空调滤清器芯      GRJ120 S8040201    件    1     335.30      335.30 A1120522
  3 87139-33010    *#=空调鼓风机空气滤 ACV30  S8040201    件    1     368.30      368.30 D1022211
  4 90915-YZZJ1    *机油格           SXV20  S8040201    件   10      29.30      293.00 D1010411
  5 PZD37-30004    *镀金 ROYAL SALOON GRS182 S8040201          3      75.00      225.00 C1290243
  8 PZD38-02001    *前格栅上装饰框    ZRE151 S8040201          3     204.00      612.00 N1010521
  9 PZD38-02002    *前格栅下装饰框    ZRE151 S8040201          3     270.00      810.00 N1011721
  6 PZD46-30010    *运动型前隔栅     GRS182 S8040201          2     921.00     1,842.00 G2023323
  7 PZD64-30010    *迎宾照明踏板     GRS182 S8040201          2   1,680.00     3,360.00 A1040824
 10 PZD66-02010    *带转向灯后视镜罩  ZRE151 S8040201          2     588.00     1,176.00 N1010123
                                     <以下空白>

    项目号总计 :   10   数量总计  :    28                       销售金额 :     7,847.95
                                                                税额 :     1,334.15
                                                              总金额 :     9,182.10
                              第 1 / 1 页
```

图3-4-14 配件验收单

②易损件,如图3-4-15~图3-4-18所示。

图3-4-15 易损件——玻璃

图3-4-16 易损件——灯具

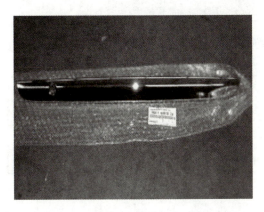
图3-4-17 易损件——饰条

图3-4-18 易损件——塑胶制品

③高价值零件,零件单价在1 000元以上的零件。

在验收过程中,经常会出现以下几种不良验收的情况,如表3-4-2所示。

表3-4-2 不良验收示例

序号	不良验收状况	易造成的问题
1	零件从外包装取出后放置在地上进行验收,如图3-4-19所示	①验收时容易踩踏零件,造成零件损伤; ②验收与未验收零件不易明确区分,容易造成验收差错
2	先将零件从箱中全部取出,丢弃外包装后再进行验收	①容易出现零件未完全取出,验收完毕后发现短缺,在垃圾堆中找回零件; ②发生货损时未能真实反映零件装箱情况,令供应商装箱改善工作难以到位
3	验收时未将所有包装完全打开进行验收	容易出现点漏或点错零件
4	零件到货后未验收先出库,或未验收已上架	容易遗漏验收零件,向FPD申报错误短缺报告

图3-4-19 取出后放置在地上进行验收

(5) 填验收表。

经过以上四个步骤以后,验收人员可以填写配件验收表,如表3-4-3所示。

表3-4-3 配件验收表

年 月 日　　　　　　编号

采购单号					零件名称					料号			
供应商									数量				
检验项目		标准	抽样结果记录										
			1	2	3	4	5	6	7	8	9	10	11	12	13
结果		及格 不及格	审核						检验者				

二、配件入库流程

库房在收到汽车配件和相应入库验收单据的情况下,按照库房实物管理制度,清点货物,通过入库搬运、安排货位、归堆建卡等工序,按照要求,将货物存放到指定地点,并在入库验收单上签字。

汽车配件入库流程

配件入库流程如图3-4-20所示。

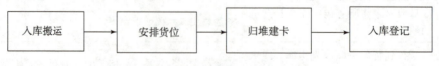

图3-4-20 配件入库流程

三、配件入库验收发现问题的处理

汽车配件在验收过程中，难免会有问题存在，所以在验收时应该注意一些事项，以尽可能防止问题的出现。在入库时遇到一些问题，发现后及时进行处理是非常必要的。

（一）配件验收注意事项

汽车配件采购员在确定了进货渠道及货源，并签订了进货合同之后，必须在约定的时间、地点，对配件的名称、规格、型号、数量、质量检验无误后，方可接收。

配件入库异常情况处理（一）

配件入库异常情况处理（二）

（二）配件入库异常情况处理

1. 零件短缺

零件短缺情况如表3-4-4所示。

表3-4-4 零件短缺情况

分类		描述			说明
		订单	出库清单	实际到货	
短缺	少发	A / A A	A / A A	少货 / A A	订单上采购A的数量与出库一致，但实际到货零件数量少
	空包装	A	A	A / 空箱	订单上采购零件A，实际到货零件A为空箱，没有零件或少件

2. 零件多发

零件多发情况如表3-4-5所示。

表3-4-5 零件多发情况

分类		描述			说明
		订单	出库清单	实际到货	
多余	多发	A A	A A	多箱 / A / A A	订单上采购A的数量与出库一样，但实际到货零件数量多

3. 零件错误

零件错误情况如表3-4-6所示。

表 3-4-6 零件错误情况

分类		描述			说明
		订单	出库清单	实际到货	
误件	错发	A	A	B（零件错误）	订单上采购零件 A，出库清单上为零件 A，但实际到货零件是 B

在验收过程中发现以上三项异常问题时，可以按照表 3-4-7 要求提交资料给供货商，以寻求索赔。

表 3-4-7 异常问题处理

原因	提供文件			申报时间
	报告书	相片	其他文件	
短缺	●		送货单或货运单	收货后一天以内
多余	●	●		
误件	●	●		

除上述的几种情况以外，在汽车备件验收的过程中还经常会遇到采购零件在货运过程中发生破损甚至整箱丢失的情况，此时应按照货运单、发票清单的内容填写零件到货报告书（见图 3-4-21），并及时要求货运公司出具货运证明，以此向货运公司或者供货商进行索赔。凡是因为开箱点验被打开的包装，一律要恢复原状，不得随意损坏或者丢失。

图 3-4-21 零件到货报告书

 在线测验

在线测验

 成果提交

成果提交

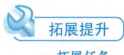 拓展提升

一、拓展任务

拓展任务

二、拓展训练
1. 常见的假冒伪劣刹车片的危害有哪些？应如何鉴别？
2. 汽车配件在入库搬运中应当注意的事项主要有哪些？

项目四
汽车配件仓储管理

汽车配件销售企业在为用户服务过程中，要做大量的工作，最后一道工序就是通过仓库保管员，将用户所需要的配件发给用户，满足用户的需求，以实现销售企业服务交通运输、服务用户的宗旨。

作为汽车行业从业人员，了解汽车配件行业经营管理现状是十分必要的。本项目将从汽车配件的仓库保管、汽车配件的日常养护、汽车配件的仓库安全保管和汽车配件的出库管理四个任务展开。

任务 4-1　汽车配件的仓库保管

任务引入

一汽大众起航 4S 店新进一批汽车配件,有火花塞 55 个、离合器片 28 个、制动分泵 28 个、刹车片 100 个、发动机控制单元 10 个、散热器罩 12 个、蓄电池 5 个、氧传感器 10 个。赵经理让新员工王涛把经过验收的配件堆码好,并放置到货架上,进行库存盘点。面对如此多的一批汽车配件,王涛感到无从下手。

那么,作为汽车配件管理部门的工作人员,怎样才能完成配件的保管工作呢?

任务描述

汽车配件的仓库保管工作是仓储管理中最基本的作业,在具体工作中,要求做到保质、保量、及时、低耗、安全地完成仓库保管工作的各项任务,并节省保管费用。

汽车配件的仓库保管工作通常包括汽车配件在库管理方法、仓库规划、库存盘点和汽车配件储备量的确定等工作,对于配件保管员来说,这项常规性的工作应该一丝不苟地认真完成。

学习目标

- 专业能力

(1) 能了解进行盘点的原因,并根据盘点结果查明原因报告库存差异,该能力也是 1+x 证书要求的技能点。

(2) 能够掌握配件盘点的内容和方法。

(3) 能够掌握汽车配件在库管理方法、仓库规划、汽车配件储备量的确定的知识和技能点,能够熟练掌握配件仓库保管工作。

- 社会能力

(1) 树立服务意识、效率意识和规范意识。

(2) 强化人际沟通和客户关系维护能力。

(3) 培养学生爱岗敬业和严谨务实勤快的劳动精神。

- 方法能力

(1) 利用多种信息化平台进行自主学习的能力。

(2) 运用多方资源解决实际问题的能力。

(3) 自主学习与独立思维能力。

一、汽车配件在库管理方法

为了充分发挥库房、保管员和设备的潜力,达到储存多、进出快、保管好、费用省的要求,仓库保管应把将进库储存保管的配件统一按部、系、品种或按车型系列的部、系、品种实行条理化管理和 ABC 分析法管理相结合的办法进行管理。

汽车配件的出库保管
(学习手册)

(一) 实行条理化管理

所谓条理化管理,是指配件管理分类统一,安全堆码美观整齐。仓容利用经济合理、防尘、防潮、防高温、防照射,细致严密,卡物相符,服务便利,并存放好特殊的汽车配件。

实行条理化管理

1. 配件管理分类统一

分区分类就是根据商品性质、保管要求、消防方法及设备条件等,将库房、货棚、货场划分为若干保管商品的区域,进行分类储存的方法。

汽车配件的分区分类方法有多种,如表 4-1-1 所示。

表 4-1-1　分区分类方法及说明

分区分类方法	说明	优缺点	举例
按部、系、品种系列分库	所有配件不分车型,一律按部、系、品种顺序,分系集中存放。凡是品名相同的配件,不论适配什么车型,均放在一个仓库内	优点:仓容利用率较高,库容比较美观,方便安排储存品种。缺点:提货不太方便,收发货物时容易出差错	发动机仓库、通用库
按车型系列分库	按所属的不同车型分库存放配件	优点:提货方便,减少了收发货的差错。缺点:仓容利用率较差,且对保管员的业务水平的要求较高	东风汽车配件仓库、解放汽车配件仓库、桑塔纳汽车配件仓库
依据配件其他属性进行分区分类	按配件种类和性质进行分区分类:一种是分类同区仓储;另一种是单一货物专仓专储	提高仓容利用率,贵重配件专储,专人保管,不会丢失	主仓库,或油品仓库,或配件仓库
	按配件发往地区进行分区分类	便于安排交通运输工具,不会将货发错地点	中转仓库或待运仓库
	按配件危险性质进行分区分类	以免相互接触而发生燃烧、爆炸等反应	特种仓库

2. 安全堆码美观整齐

仓库里的配件堆码必须贯彻"安全第一"的原则,在任何情况下,都要保证仓库、配件和人身的安全。同时,要做到文明生产,配件的陈列堆码一定要讲究美观整齐。

1）对堆码的技术要求

堆码时必须做到：合理；牢固；安全"五距"，定额管理；实行"五五化"堆码；堆码货物的包装标识必须一致向外，不得倒置，发现包装破损，应及时调换；节省。

2）汽车配件堆码方法

常见的汽车配件堆码方法包括重叠法、压缝法、牵制法、通风法和行列法等。

（1）重叠法。重叠法（见图4-1-1）即按入库汽车配件批量，视地坪负荷能力与可利用高度来确定堆高的层数，先摆正底层汽车配件的件数，然后逐层重叠加高，上一层各件汽车配件直接置于下一层各件汽车配件之上，并对齐。

 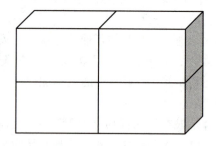

图4-1-1 重叠法堆码

（2）压缝法。压缝法（见图4-1-2）指对包装成长方形的且长度与宽度成一定比例的汽车配件可采用每层交错压缝堆码的方法。即上一层汽车配件跨压住下一层两件以上的汽车配件，下纵上横或上纵下横，货垛四边对齐，逐层堆高。

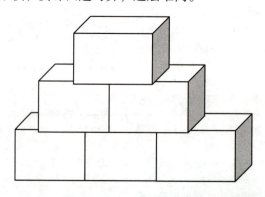

图4-1-2 压缝法堆码

（3）牵制法。当汽车配件包装不够平整、高低不一、堆码不平衡时，可在上下层汽车配件间加垫，并夹放木板条等，使层层持平有所牵制，防止倒垛。例如，存放汽车前、后桥的专用枕垫（见图4-1-3），存放横拉杆的专用格架（见图4-1-4）。

（4）通风法。为了防止有的汽车配件发霉、潮湿锈蚀，需要通风散热、散潮，堆放时件与件之间不能靠紧，前后左右都要留一定空隙，即要堆成通风垛。汽车配件常见的通风法堆码方式有漩涡形、"井"字形、"非"字形、"示"字形

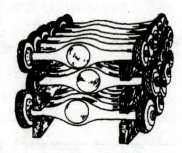

图4-1-3 存放前、后桥的专用枕垫

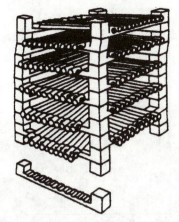

图 4-1-4　存放横拉杆的专用格架

等，如图 4-1-5 所示。

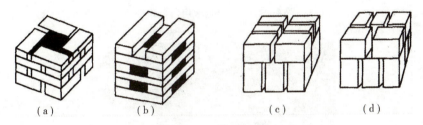

图 4-1-5　通风法堆码
(a)"漩涡形"；(b)"井"字形；(c)"非"字形；(d)"示"字形

桶装、瓶装的液体汽车物品，排列成前后两行，行与行、桶与桶间都应留有空隙；上层对下层可压缝堆高，即上一件跨压在下两件"肩"部，以便于检查有无渗漏。桶装、瓶装物品堆码如图 4-1-6 所示。

图 4-1-6　桶装、瓶装物品堆码

（5）行列法。零星的小批量汽车配件，不能混合堆垛，应按行排列，不同汽车配件背靠背成两行，前后都面临走道，形成行列式堆码，避免堆"死垛"（指堆垛中无通道，存取不便）。

3）专用货架堆码

汽车上的许多配件在存储堆码时需配备专用货架。例如轮胎，为防止轮胎受压变形，也需要专门货架保管，这种货架有固定的，也有可以装拆的，其堆码方法如图 4-1-7 所示；存放铝合金轮毂的专用货架及堆码如图 4-1-8 所示。

图 4-1-7　轮胎专用货架堆码

图 4-1-8　存放铝合金轮毂的专用货架及堆码

（二）实行 ABC 分析法管理

ABC 分析法是对仓库所储存的汽车配件，依品种规格及占用资金的大小进行排队，分为 A、B、C 三类。通常，A 类配件品种只占总品种的 10% 左右，资金却占总资金的 70% 左右；B 类配件品种占 20% 左右，其所占用资金也大致为 20% 左右；C 类配件品种占 70% 左右，资金只占 10% 左右。

实行 ABC 分析法管理

从其重要程度看，A 类最重要，在仓库管理上，对 A 类配件应采取重点措施，进行重点管理；B 类次之，对 B 类配件只进行一般管理；C 类再次之，对 C 类配件一般可根据经营条件管理。

二、配件仓库规划

仓库是保管、储存物品的建筑物或场所的总称，其功能主要是存放和保护物品。

配件仓库总平面布置的要求

（一）配件仓库总平面布置的要求

1. 要适应仓储企业生产流程，有利于仓储企业生产正常进行

（1）单一的物流方向。

（2）最短的运距。
（3）最少的装卸环节。
（4）最大地利用空间。

2. 有利于提高仓储经济效益

（1）要因地制宜，充分考虑地形、地质条件，满足商品运输和存放上的要求，并能保证仓容充分利用。

（2）平面布置应与竖向布置相适应。

（3）总平面布置应能充分、合理地利用我国目前普遍使用的门式、桥式起重机一类的固定设备，合理配置这类设备的数量和位置，并注意与其他设备的配套，便于开展机械化作业。

3. 有利于保证安全生产和文明生产

（1）库内各区域间、各建筑物间，应根据"建筑物设计防火规范"的有关规定，留有一定的防护间距，并有防火、防盗等安全设施，经过消防部门和其他管理部门验收。

（2）总平面布置应符合卫生和环境要求，既要满足库房的通风、日照等，又要考虑环境绿化、文明生产，有利于职工的身体健康。

（二）配件仓库的总体构成

1. 仓库结构分类

（1）平房仓库。
（2）楼房仓库。
（3）货架仓库。

配件仓库总体构成

2. 仓库的布局

仓库的布局是指一个仓库的各个组成部分，如库房、货棚、货场、辅助建筑物、库内道路、附属固定设备等。在规定的范围内，进行平面和立体的全面合理安排。

3. 汽车备件仓库的构成

一个备件仓库通常由货架区（备件存储区）、卸货区和行政管理区三大部分组成，如图4-1-9所示。

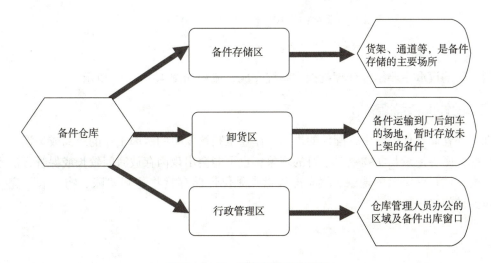

图4-1-9 汽车备件仓库结构

（三）配件仓位规划

仓位是货物仓库中存放的确切位置，便于迅速找到货料。汽车配件仓储，要进行合理的仓位设计，以提升配件出库的速度和便于配件仓储的日常管理。

1. 配件存放料位码

料位码是标明配件存放准确位置的代码，料位码是空间三维坐标的形象表现。对于空间三维坐标，任何一组数字都可以找到唯一的一点与它相对应，也就是一点确定一个位置，一个位置只能存放一种配件。

2. 料位码编制的具体步骤

配件料位码常为四位，主要根据"区、列、架、层"的原则进行编排，如图4-1-10所示。

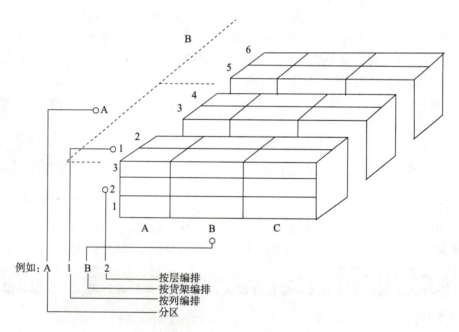

图4-1-10　料位码编排示意图

3. 料位码的读取

料位码的读取主要结合计算机操作系统完成，流程如图4-1-11所示。

三、配件库存盘点

在配件仓储管理过程中，配件的进出库作业是频繁发生的。因工作的疏漏或失误，可能会出现配件库存记录与实物数量不符的现象；也可能会出现因存放时间较长或保管方法不恰当导致配件质量受影响的现象。汽车配件盘点是保证储存货物达到"账、物、卡"完全相符的重要措施之一。

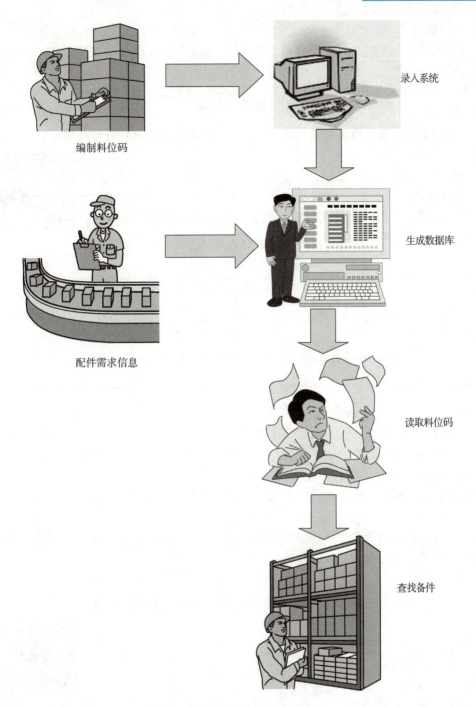

图 4-1-11 料位码的读取流程

（一）配件盘点的内容
1. 盘点数量

对于计件的汽车配件，应该全部清点；货垛层次不清的汽车配件，应进行必要的翻垛整理，逐批盘点。

库存盘点的内容

2. 盘点重量

对于计重的汽车配件，可会同有关业务部门，根据实际情况逐批抽检过秤。

3. 核对账与货

根据盘点的汽车配件实数，核对汽车配件保管账所列结存数，逐笔核对，不能含糊。

4. 账与账核对

汽车配件仓库保管账簿应定期与业务部门的汽车配件账簿互相进行核对。

（二）配件盘点方式

常用的盘点方式有以下几种：

1. 日常盘点

日常盘点又称为永续性盘点或动态盘点，指保管人员每天对有收发动态的配件盘点一次，并汇总成表，如表 4-1-2 所示。

库存盘点的方式

表 4-1-2 动态盘点表　　2015 年 3 月 5 日

提货单号	仓位	车型	零件编号	零件名称	销量	账面存量
S67132	M113/D01	HONDA	KP710-00150	油底壳密封胶	1	7

2. 定期盘点（又称全面盘点）

这是库存盘点的主要方式。由仓库主管领导会同仓库保管员按月、季、年度，对库存商品进行一次全面的清查盘点，故亦称为期末盘点，通常用于清仓查库或年终盘点。

3. 临时盘点（又称突击性盘点）

这种盘点是指根据工作需要或在台风、梅雨、严寒等季节而进行的临时性突击盘点。

4. 循环盘点

循环盘点也称连续盘点，是指按照商品入库的先后顺序，不论是否发生过进出库业务，都要有计划地循环进行盘点的一种方法。

5. 重点盘点

重点盘点是指对进出动态频率高、易损耗、价值昂贵商品的一种盘点方法。

（三）配件盘点结果申报

1. 盘点结果并处理业务

（1）报盈亏业务。

（2）报损业务。

2. 发生盈亏原因的分析

发生盈亏可能有以下几个方面的原因：商品入库登账卡时看错

库存盘点的结果申报

数字；运输途中发生的损耗在入库时未发现；盘点工作计数错误；由于自然特性，某些商品因挥发、吸湿而使质量增加或减少；因气候影响而发生腐蚀、硬化、变质、生锈、发霉等；液体商品因容器破损而流失；单据遗失，收发商品未予过账；捆扎包装错误使数量短缺；衡器欠准确或使用方法错误。

3. 盘点后的处理工作

（1）核对盘点单据。

（2）核账。

（3）追查发生盈亏的原因。

（4）盘盈或盘亏的处理。

（5）编表与分析。

四、汽车配件储备量的确定

经营汽车配件的资金约有 70% 被库存商品资金所占用，推行保本期是把时间效益观念引入物流管理，使经营工作由事后分析转向事前预测，有利于增强商品进、存、销的预见性，加速资金周转，提高经济效益。

（一）配件保本期和保本量的计算方法

1. 保本期的计算方法

保本期是指商品从购进到实现销售不至于发生亏损的最长储存期限，即商品在库的最长期限。

2. 保本量的计算方法

保本量是控制进货或库存的最高数量。

配件保本期和保本量的计算方法及操作程序

（二）配件保本期管理法的操作程序

配件商品进行保本期管理时，具体的操作程序如下：

（1）收到商品发票和记收单据后，由物价员测定该商品加成率，用保本期公式算出保本期天数，合同员在入库单上填上保本期界限日。

（2）商品放进仓库后，保管员在填制商品保管卡片时，同时注明保本期界限日。当出现超保本期商品时，在保管卡片上印上显著标志，以示警告。

（3）营业员收到商品入库单后，要按照单上的保本界限日记在营业账或商品账上，当出现超保本期商品时，向主管业务部门或经理反馈，反馈单如表 4-1-3 所示。

表 4-1-3　月超保本期反馈单

车型：

商品编号	品名	单位	产地	单价/元	超保本期数量	金额

按保本期的要求，应当随时发生，随时反馈。

（4）如果前批进货尚未销完，一般不应当再进货，若有前批进货剩余较少，则可视前后一批一卡保管，但是要先进先出。若前批商品剩余数量较多，则要分卡保管，对新进的商品执行新的保本期界限日。

（5）业务部门和经理收到反馈单后，要立即组织有关人员认真分析造成超保本期的原因，制定措施，堵塞漏洞，抓紧处理，把问题消灭在萌芽状态。

（三）配件合理储备量的确定

汽车配件储备是汽车配件流通领域中的一个重要环节，对企业销售额、资金周转及经济效益的提高是非常重要的。

1. 合理储备量的概念

所谓合理储备量，应包括两个方面的内容：一是指库存储备的总金额趋于合理；二是指单一品种储备量与市场需求大致接近，即按车型、品种的库存结构合理。

配件合理储备量的确定

2. 合理储备量的确定

一个企业库存储备总值大小的确定受多方面因素影响。首先是所承担供应范围内所拥有的车型车数，这是基本依据，其供应范围大、涉及的车辆多，储备总额就大。

 在线测验

在线测验

 成果提交

成果提交

一、拓展任务

拓展任务

二、拓展训练

1. 配件仓库总平面布置怎样适应仓储企业生产流程？
2. 发生盈亏可能有哪几个方面的原因？

任务 4-2　汽车配件的日常养护

任务引入

一汽大众起航4S店的配件仓库储存了一大批汽车配件，有火花塞、离合器片、制动分泵、刹车片、发动机控制单元、散热器罩、蓄电池、氧传感器、前风挡玻璃等。"五一"长假来临前，上级部门领导要来检查配件的保管和日常保养情况，赵经理让仓库保管员王涛对这批配件进行检查。但是王涛不熟悉业务，对于这些汽车配件不知道怎样维护，只是清点了数量，打扫了库房卫生。等到上级领导来后，发现有些零件过了储存期限，有的零件放错了库房，有的零件应该加垫保管，有的零件已经生锈和老化等。这一次，王涛自己不仅受到上级领导的严厉批评，而且害得经理也挨了批评。

那么，如果您是王涛，该怎样完成配件的日常养护工作呢？

任务描述

汽车配件的品种繁多，因为使用的材料和制造方法的不同而各具特点。为了保管好各种各样的汽车配件，必须根据其不同的性质、特点区别对待，妥善地处理好配件保管中发生的一系列技术问题。

汽车配件的日常养护工作通常包括汽车配件周期更换和汽车配件保养，对于配件保管员来说，应该认真对待，完成好这项工作。

学习目标

- 专业能力

（1）能够运用相关原则熟练进行配件的养护工作，能进行正确的核心部件处理，该能力也是1+x证书要求的技能点。

（2）掌握汽车配件更换周期和汽车配件保养的知识和技能点，并能熟练进行配件日常养护工作。

- 社会能力

（1）树立服务意识、效率意识和规范意识。

学习目标

(2) 强化人际沟通和客户关系维护能力。
(3) 树立爱岗敬业的职业道德和严谨务实勤快的工作作风。
- 方法能力
(1) 利用多种信息化平台进行自主学习的能力。
(2) 运用多方资源解决实际问题的能力。
(3) 自主学习与独立思维能力。

汽车配件的日常养护
（学习手册）

 相关知识

一、汽车配件更换周期

一辆汽车有成千上万个零部件，犹如人体内的众多毛细血管，每个个体看似微小，却不可或缺。汽车上每个零部件由于结构和功能的区别，寿命和最佳使用时限都不同，因此对于仓库保管员来说，弄清汽车上各个零部件的更换周期很重要。

1. 易损件——轮胎

轮胎如图 4-2-1 所示，更换周期为 3 万~4 万 km。

图 4-2-1 轮胎

常见汽车配件更换周期

2. 易损件——雨刮器

雨刮器如图 4-2-2 所示，更换周期为 1~2 年。

图 4-2-2 雨刮器

3. 易亏件——蓄电池

蓄电池如图4-2-3所示,更换周期为5万~6万km。

图4-2-3　蓄电池

4. 易摩件——刹车片

刹车片如图4-2-4所示,更换周期为3万km。

图4-2-4　刹车片

5. 易脏件——空气滤清器

空气滤清器如图4-2-5所示,更换周期为2万km。

图4-2-5　空气滤清器

6. 易脏件——火花塞

火花塞如图4-2-6所示，更换周期为3万~5万km。

图4-2-6　火花塞

7. 易塞件——机油滤清器

机油滤清器如图4-2-7所示，更换周期为5 000 km。

图4-2-7　机油滤清器

8. 易塞件——汽油滤清器

汽油滤清器如图4-2-8所示，更换周期为1万km。

图4-2-8　汽油滤清器

9. 易坏件——减震器

减震器如图 4-2-9 所示，更换周期为 10 万 km。

图 4-2-9 减震器

10. 易耗件——汽车大灯

汽车大灯如图 4-2-10 所示，更换周期为 5 万 km。

图 4-2-10 汽车大灯

11. 油类

自动变速箱油 4 万 km、手动变速箱油 6 万 km 或 3 年、差速器油 6 万 km 或 3 年都需定期更换。

12. 发动机相关零部件定期更换

发动机是汽车正常运行的重要部位，定期更换发动机相关配件，对维持车辆的正常使用有重要的作用。

（1）发动机相关零部件。正时皮带更换周期应该是 5 万~6 万 km；转动三角皮带更换周期在 4 万 km 左右；汽油软管保养周期大概在 8 万 km。

（2）防冻液。防冻液的有效期一般为 1~2 年，如图 4-2-11 所示。

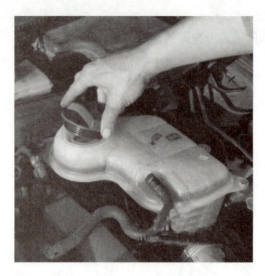

图 4-2-11　更换防冻液

13. 汽车底盘及车身易损部件及时的检修和更换

汽车底盘零部件的更换（见图 4-2-12）周期是这样的：底盘制动片更换周期大概在 1 万 km；离合器部件更换在 8 万 km 左右；制动变速箱油更换周期大概在 4 万 km，其他配件更换周期视情况而定。

图 4-2-12　汽车底盘及车身易损部件的检修和更换

二、汽车配件保养

做好汽车配件保养工作，不仅要求保养过程中配件的品名、规格、数量账实相符，而且应保证其使用质量不受损坏。一旦发现库存配件异常，必须及时报告，以便采取维护措施，尽早和尽可能地挽回产品在保质期内的损失。

（一）配件的存储条件与措施

1. 汽车配件存储条件

（1）仓库的密封。仓库密封就是把整库、整垛或整件商品尽可能地密封起来，减少外界不良气候条件对其影响，以达到商品安全储存的目的。

（2）通风。通风就是利用库内外空气温度不同而形成的气压差，使库内外空气形成对流，来达到调节库内温湿度的目的。

(3) 吸潮。吸潮是与密封配合，用以降低库内空气湿度的一种有效方法。

2. 汽车配件存储措施

汽车配件品种繁多，因为使用的材料和制造方法不同而各具特点，有的怕潮、有的怕热、有的怕阳光照射、有的怕压等。在储存中商品的质量因受自然因素的影响而发生变化。

(1) 自然因素对汽车配件的影响。自然因素对汽车配件的影响主要有：温度对储存配件的影响；湿度对储存配件的影响；日光对储存配件的影响；其他因素对储存配件的影响。

(2) 汽车配件保养防范措施。主要考虑以下方面：要重视各种配件的储存期限；安排适当的库房和货位；配件加垫；加强库内温度、湿度控制；采取库内降潮办法；严格配件进出库制度；建立配件保养制度和保证汽车配件包装完好无损。

（二）金属类配件的防锈

配件仓库存储的配件中以金属类的配件所占比例最高，而金属类配件与空气或化学物品直接或间接接触都容易锈蚀，它是由于金属表面受到周围介质的化学作用或电化学作用而遭受破坏，因此在仓库日常管理中对于配件特别是金属类配件的养护是主要工作内容之一。

1. 创造良好的储存条件

(1) 认真选择储存场所。
(2) 保持库房干燥。
(3) 保持库内外清洁，清除堆垛周围杂物，不使材料受到沾污和附着尘土。

配件的存储条件与措施

2. 各种金属类汽车配件防护层变质的表现

(1) 黑色金属。黑色金属钢铁在汽车配件材质中占多数。它的主要特点是：潮湿时容易氧化生锈，表面形成一层淡红色或暗褐色的细状粉末（即氧化铁）。根据实践经验，如配件上油（蜡）前清洗较好，油（蜡）配方合格，配件一般可储存5年左右不锈蚀；否则，一年内配件表面即呈现黑灰色或片状黑色污斑痕迹。

(2) 有色金属。在汽车配件中，有色金属使用较多的是用铜和铝制造的活塞和各种衬套等，在储存中铜制产品与空气中的氧接触后，会生成绿锈，这就是铜制品的锈蚀表现。

(3) 各种镀有防护层的配件：镀铬配件呈青光，外表光亮，抗腐蚀性强，但若灰尘长期包围表面，镀层会失去光泽，逐渐变暗。镀锡配件呈灰白色，有轻微光泽，但容易被坚硬物质划伤，如湿度过大，会从镀层内部生锈。镀铜的配件呈淡红色，不宜久放，储存时间稍长，即变成白红色，特别与二氧化碳及酸接触后，表面会产生绿斑，影响美观。有油漆防护层的配件，表面坚韧而光亮，装饰性和抗蚀性均好，但受阳光辐射的影响，会发生褪色和脆裂。如遇油脂，也容易产生漆层脱落。

3. 金属制品的防锈

(1) 汽车配件的防锈工艺类型。汽车配件中金属制品所占比例较大，而不同金属配件的材料（分黑色金属和有色金属）、体形结构、单件质量、制造精度、工作性能等又有很大的差异，故必须根据不同配件的具体情况选择不同的防锈材料和工艺。

(2) 金属配件的防锈油脂。金属配件的防锈油脂是以矿物油等

金属类配件的防锈

为基材，加入防锈剂及辅助添加剂配制成具有一定防锈效果的油脂状防锈材料。涂刷、清洗都较方便，价格低廉，来源比较充足，因此在配件生产工序及储存中大量被采用。根据配件的不同特性和储存要求，需采用不同类型的防锈油脂。

（3）金属配件的气相缓蚀剂。气相缓蚀剂在常温条件下，能够缓慢地挥发成气体，充满配件包装物的密闭空间，对金属起防锈作用，启封方便。其作用特点是：因它的挥发气体无孔不入，所以保护比较完全，产品清洁美观，无油腻感，对忌油材料也适用，如电器配件等，使用更为方便。

（4）可剥性塑料封存。可剥性塑料封存，是以塑料为基体的一种防锈包装材料，其对象为精密配件，如喷油泵柱塞副和喷油嘴等。

（5）选择合适的包装材料。金属配件进行了涂油防锈之后，为了进一步使其与空气隔绝，还应该选择合适的包装材料。汽车配件的产品包装材料一般要求材料本身对金属无腐蚀作用，透水透气性小，具有一定的隔离作用而且性能可靠。

（三）金属配件的清洗

1. 汽车配件的分类

（1）金属零件。

（2）非金属零件。

（3）电器零件。

2. 常用清洗液

金属配件的清洗

产品表面的污物分水溶性和非水溶性两类。前者包括冷却液、手汗和酸碱盐等；后者包括切削油、研磨膏和油脂等。水溶性污物可用碱性溶液清洗，非水溶性污物一般可用石油溶剂清洗。

 在线测验

在线测验

 成果提交

成果提交

 **拓展提升**

一、拓展任务

拓展任务

二、拓展训练

1. 为什么要弄清汽车上各个零部件的更换周期？
2. 各种金属类汽车配件防护层变质的表现有哪些？

任务 4-3　汽车配件的仓库安全保管

任务引入

2015年4月10日，武汉太平洋汽车配件市场内某家商户，上午9时发生火灾事件，引起了市民的广泛关注。事故发生后，现场浓烟滚滚，腾起巨大黑色烟柱，基地内消防车及公安消防支队迅速赶赴现场灭火，一小时后火势才基本得以控制。通过调查，此次火灾主要是汽车配件市场内，工人在无防火措施下私自施工，焊接火花散落所致，从而发生了潜在危险极大的火灾责任事故。据现场人员介绍，其火灾隐患早已存在：一方面，其消防和安保均未达到国家标准，并违背了库房外严禁明火的规定；另一方面则是严重缺乏日常规范化管理。

为减少仓库火灾的发生，加强对安保人员和仓库人员的管理，不断加大仓库安全隐患排查与规范整治力度必不可少。

那么，如果您是一名仓库保管人员，该怎样完成配件的仓库安全管理工作呢？

任务描述

仓库火灾，不论事件大小，都会造成巨大的影响，普遍而言，易发生火灾的仓库多存在面积小、货物散、环境乱、管理差等突出问题。

汽车配件的仓库安全管理工作通常包括汽车配件管理的安全隐患、特殊配件的安全管理和汽车配件的消防工作，它关系到国家与企业的财产和人员的生命，一定要给予足够的重视，应该作为头等大事来抓。

学习目标

- 专业能力

（1）能够运用相关原则熟练进行配件的仓库安全保管工作。

（2）掌握汽车配件仓库内的安全隐患、特殊配件的安全管理和汽车配件的消防工作的知识和技能点，能够熟练进行配件仓库安全保管工作。

- 社会能力

（1）树立服务意识、效率意识和规范意识。

学习目标

（2）强化人际沟通和客户关系维护能力。
（3）树立爱岗敬业的职业道德和严谨务实勤快的工作作风。
- 方法能力
（1）利用多种信息化平台进行自主学习的能力。
（2）运用多方资源解决实际问题的能力。
（3）自主学习与独立思维能力。

汽车配件的仓库安全保管
（学习手册）

相关知识

一、汽车配件仓库内的安全隐患

汽车配件的品种繁多，在配件管理中，若不注意，可能引发火灾。所以，汽车配件的仓库安全管理非常重要。

（一）仓库内的安全隐患表现

1. 安全隐患的法律含义

在《安全生产事故隐患排查治理暂行规定》第三条中，所称安全生产事故隐患（以下简称事故隐患），是指生产经营单位违反安全生产法律、法规、规章、标准、规程和安全生产管理制度的规定，或者因其他因素在生产经营活动中存在可能导致事故发生的物的危险状态、人的不安全行为和管理上的缺陷。

2. 仓库内的安全隐患表现

仓库在安全生产基本条件、基础设施、技术装备、作业环境及思想认识、规章制度、技术管理、现场管理等方面可能存在的问题，需要逐一进行排查。仓库内的安全隐患具体表现在以下几方面：

（1）搬运设备与设施碰撞。
（2）登高作业。
（3）用电安全。
（4）化学品管理。
（5）物品跌落。
（6）通道障碍、不平整、滑或过窄。
（7）防火防盗。
（8）人工搬运。
（9）车辆交通和安全。
（10）提升物品。

仓库内的安全隐患表现

（二）工作场所的安全化管理

工作场所的安全化管理有5S管理和库存管理七原则，它可以提高空间利用率和工作效率，达到仓库安全管理的目标。

1.5S 管理

（1）5S管理的含义。5S是指整理、整顿、清扫、清洁和素养五个项目（见图4-3-1）。

5S 管理

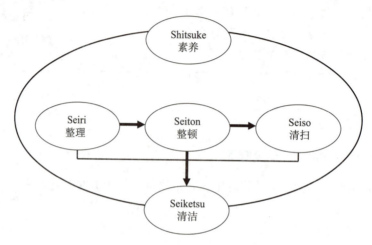

图4-3-1　5S管理

5S起源于日本，通过规范现场、现物，营造一目了然的工作环境，培养员工良好的工作习惯，其最终目的是提升人的品质。

（2）5S管理对工作人员的要求。配件仓库人员应该按照5S管理的要求规范日常工作，养成良好的工作习惯（见图4-3-2）。

Seiri Sifting　确定哪些需要、哪些不需要，处理掉不需要的。

Seiton Sorting　所有需要的物品放在合适的位置，以便用到的时候可以很快找到

Seiso SWeeping & cleaning　工作场所保持干净可以得到更安全、更快捷、更健康的工作环境，可以使员工更满意

Seiketsu Spick and Span　一直保持住以上三个S的成果，坚持不懈

Shitsuke Self Discipline　建立标准，每天贯彻，直至形成习惯，实现自律

图4-3-2　5S管理要求

(3）备件仓库5S管理要求及考评标准。

①备件仓库5S管理要求。备件仓库5S管理要求对仓库内货架进行正确的标识，对备件进行整齐的摆放，对不同类别的备件归类摆放，并对整个备件仓库进行清洁和整顿。

②5S考评标准。为了让备件部门更好地进行5S管理，在此制定了仓库5S评分表，如表4-3-1所示。

表4-3-1　仓库5S评分表

仓库5S评分表（评分标准为90分合格）			
检查日期：			检查人：
项目	考核内容	所占分值	得分
1	仓库如发现不用的物料或报废的物料，应及时与相关部门沟通，及时清理掉，并做好状态标识	4分	
2	把长期不用但具有可用价值的物料，按指定区域定点防护存放，并标识好物品属性、存放日期和最长使用期限，必要时申请工程技术人员进行实物判定确认，清盘时应再次做好防护处理	4分	
3	物料、物品和成品要按指定区域分类规划，放置时要做到安全、整齐、美观并成水平直角摆放，还要有标识和品质状态	7分	
4	物料和物品要做到账、物、卡三物一致	10分	
5	区域通道和消防通道要保持畅通无阻，不脏乱，区域识别油漆线则根据实际损毁情况（应在油漆脱落辨别不清时）进行重复划线以便区域识别，通道用绿色油漆，物品放置区用黄色油漆，不良品区用红色油漆	8分	
6	部门设备要自行清洁、保养，对共用设备、载具由部门负责人安排清洁、保养，需维修时应填写维修标识卡，并填写好时间、报修人和部门等内容	5分	
7	物料架和物料要摆放整齐，各区域负责人必须负责好区域内的物品，防护清洁整理工作，并且要保护好状态标识	4分	
8	地面、墙面、楼梯、办公桌椅和电气设备等要保持畅通无阻，任何情况下都不准堵塞电闸和消防栓	6分	
9	仓库要保持干燥清爽的环境，灯具、安全网、电梯、风扇和窗户等设备以及卫生死角要随时清扫，清洁保养防护，禁带火种入库，出现故障要及时报修	8分	
10	仓库区域物品要做好各种安全防护措施，防护雨布不用时要折叠保管，定点存放，对非人为破坏的雨布及其他防护用品确实不能修复的应做报废处理，在报废前由企管部对实物进行检查核实	6分	
11	物品卸载时要轻拿轻放，对超重物品或带有毒性的物品不准单人运载，装卸完物品后要及时清扫现场，将落于地面的物品和垃圾及时清理完，各类搬运载具在空置时要成水平直角摆放在指定区域	6分	
12	不准随意踩、坐物品和运输载具，对搬运人员设置指定休息区域，同时规划好个人物品、饮具，统一存放一处，环境要保持整洁、美观，人离开时休息区要恢复原状	6分	

续表

项目	考核内容	所占分值	得分
13	仓库主管或班（组）长每月要在上、中、下旬三个时间段内自行安排下属人员学习5S知识，并将学习记录交由企管部5S小组负责人，5S工作组根据学习内容与学员到签情况进行评分	8分	
14	办公室有效文件、资料、相关记录和其他物品，要分类规划，做定点防护存放，在使用过程中，文件资料记录要做好保管措施（例如包装、捆扎等），尽量避免肮脏破烂，以便于查找、保存	6分	
15	办公区、地面、墙面、桌椅要摆放整齐，清洁干净，抽屉内要整洁不杂乱，人行通道要保持畅通无阻，电气设备要做好安全防护措施，不准在办公室内抽烟	4分	
16	仓库工作人员应尽量避免在工作时与交接人员发生争吵，不能自行处理的事情，应立即请求部门负责人协助处理解决，要使用文明用语，熟悉使用电话礼仪	4分	
17	不准在仓库打瞌睡、吃零食、看小说、串岗、聚集聊天、追逐嬉戏打架、骂人，着装要整洁，待人礼貌，使用文明用语，掌握电话礼仪。工作要主动、热情，有强烈的时间观念	4分	
18	总分		

2. 库存管理七原则

库存管理七原则的好处是：提供安全的工作环境，便于掌控库房零件，促进优化库存结构，减少入库、出库时间，提高工作效率，提高库房空间利用率。原则的具体内容是：

（1）相似零件摆放在一起。零件在摆放前，无序放置，造成取货路线较长。一旦基于尺寸标准，对零件按尺寸大小摆放，可以节省大量的仓库空间（见图4-3-3、图4-3-4）。

库存管理七原则

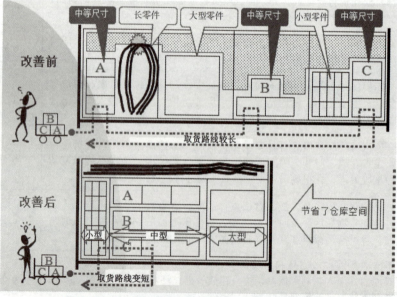

图4-3-3 相似零件摆放在一起（基于尺寸标准）

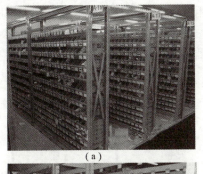
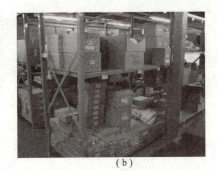
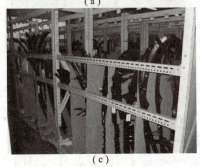

图4-3-4 货架上零件摆放

(a) 小型尺寸；(b) 中型尺寸；(c) 大型尺寸

相似零件摆放在一起，仓库的布局可按图4-3-5所示。它的好处是：不仅可以优化存储空间，获得最短的出入库的线路，还可以避免零件损坏，零件在库质量得到保证，提高了工作效率。

大型较重零件	中等尺寸零件	小型尺寸零件	
・大型较重零件靠近入库口侧，小型零件靠近出库口侧 ・快流零件靠近出库口侧 ・慢流件集中放置，方便管理（根据Phase-in、Phase-out原则） ・设置合适的货架尺寸，选用合适的库存管理设备			较低流动率零件
			中等流动率零件
			快流件

入库路线　　　　　　　出库路线

图4-3-5 仓库布局（基于尺寸和流动性）

（2）零件竖直摆放。竖直放置可以充分利用仓库空间，避免由于堆放造成的零件损坏，提高入出库效率（见图4-3-6）。比如雨刷片、皮带等零件平放在货架上，浪费存储空间，建议利用墙壁悬挂此类型零件。大型细长零件摆放方式存在安全隐患，注意固定零件，同时避免零件损伤（见图4-3-7）。

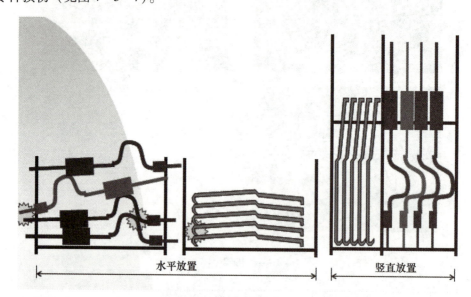

图4-3-6　配件放置方式

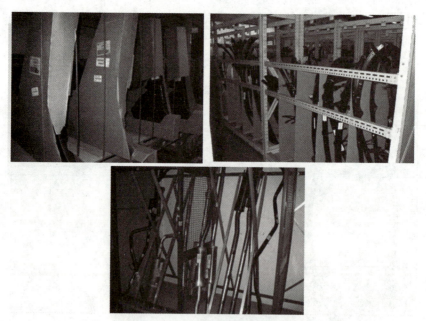

图4-3-7　零件垂直摆放

（3）零件放在伸手可及的区域。伸手可及避免了使用不必要的工具（如梯子），也避免了不必要的查找（见图4-3-8）。注意：快流件放在最易拿取的位置。这样不仅提高了入出库的效率，工作环境也更加安全。部分店的货架过高，还要使用矮凳才能拿到零件，不利于提高工作效率（见图4-3-9）。

项目四 汽车配件仓储管理

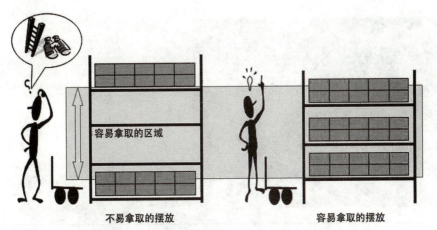

图4-3-8　伸手可及区域

图4-3-9　零件放置于伸手可及区域

（4）重物放在较低位置，或腰部位置的货架。零件存在腰部位置，拿取更安全（见图4-3-10）。重物下置不仅使出入库操作更容易，还为员工提供更安全的工作环境，减少了安全隐患（见图4-3-11）。

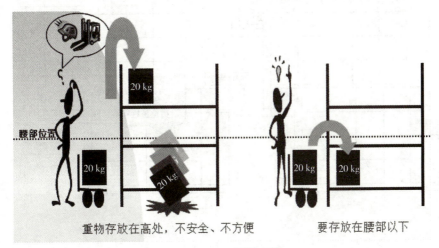

图4-3-10　重物下置

图 4-3-11 零件放置于低位

(5) 每个零件号码要有一个相对应的货位。一件号一货位，注意不要用零件编号代替货位号（见图 4-3-12）。用货位号而不用零件号代替的好处：避免入库和出库操作错误，提高工作效率；货位号的位数少，更易辨别；空货位更便于及时利用；即使不懂零件，也可以简单完成出入库操作（见图 4-3-13 ~ 图 4-3-19）。

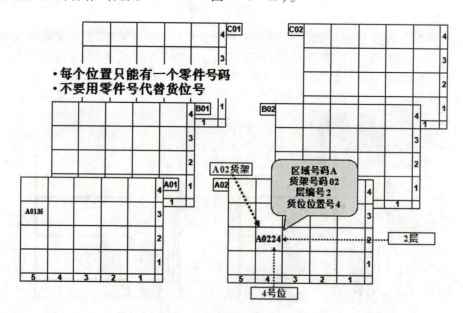

图 4-3-12 一件号一货位

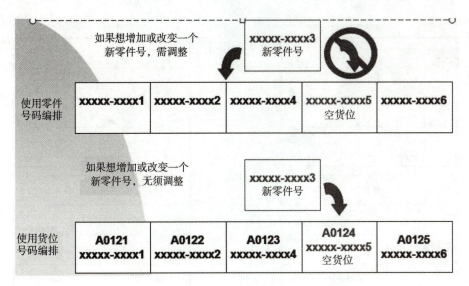

图4-3-13 用货位号而不用零件号代替的好处(一)

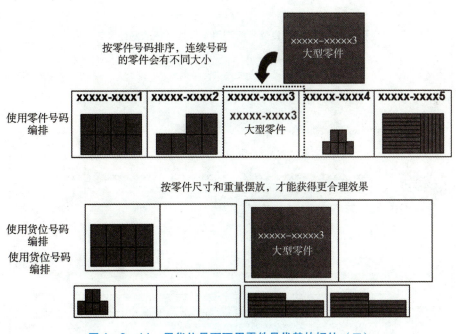

图4-3-14 用货位号而不用零件号代替的好处(二)

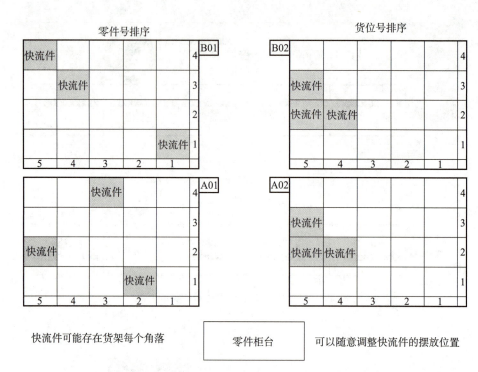

图 4-3-15 用货位号而不用零件号代替的好处（三）

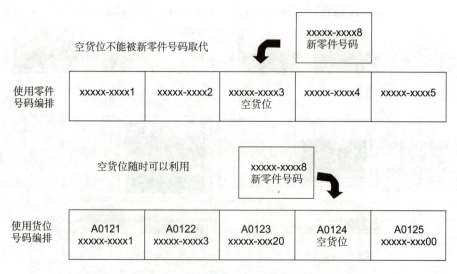

图 4-3-16 用货位号而不用零件号代替的好处（四）

项目四
汽车配件仓储管理

图4-3-17 用货位号而不用零件号代替的好处（五）

图4-3-18 用货位号而不用零件号代替的好处（六）

图4-3-19 用货位号而不用零件号代替的好处（七）

(6)可视化的异常零件数量管理。可视化的异常零件数量管理,具有以下好处:目视化管理异常数量货位,可以及时发现异常零件,避免库存积压;容易发现异常状况;通过目视化管理,可以及时发现并改善导致异常的原因。经常出现的问题是:没有进行异常管理;停留在表面,只是对多出的零件进行了管理,但没有关注多出的原因(见图4-3-20、图4-3-21)。

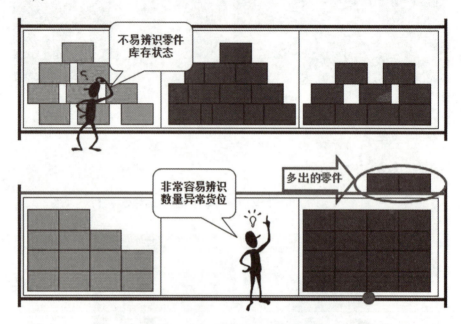

图4-3-20 可视化的异常零件数量管理

图4-3-21 异常零件管理

(7)根据零件流动率确定零件存放位置。按流动性存储的好处:提高出库效率,管理快流件更便捷(见图4-3-22、图4-3-23)。经常出现的问题:

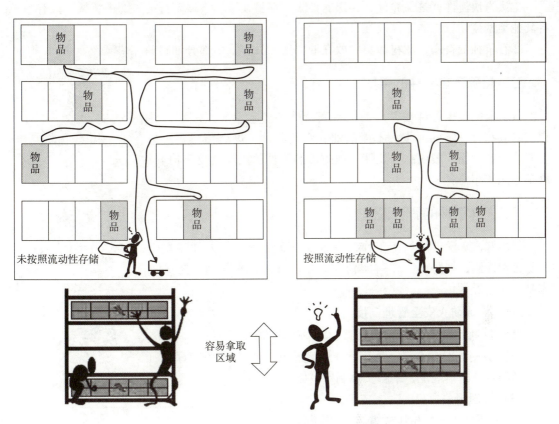

图4-3-22 流动性存储的好处

图4-3-23 零件的流动性存储

①认为快流件就是保养件，将保养件集中存放在工作区域附近的一两个货架，没有考虑将其他类型流动较快的零件放在过道处。

②有单独油料库，油料都集中放在油料库，没有拿出部分油料放在快流区。

二、特殊汽车配件的存放

汽车上的很多配件在存放时，有其特殊的要求。如以下零件在存放时应符合一定的要求：不能沾油的汽车配件、爆震传感器、减震器、塑料油箱、玻璃制品配件、预防霉的配件、汽车真皮座椅套、汽车地毯和布椅套。

特殊汽车配件存放要求

三、汽车配件的消防工作

为搞好汽车配件的消防工作，一定要确定防火责任人和建立岗位防火责任制，把防火工作落实到人，并通过岗位责任制使防火工作制度化、经常化。

汽车配件的消防工作

（一）仓库防火安全管理制度

（1）目的：加强工厂仓库管理工作，确保库存物品安全。

（2）适用范围：本规定适用于工厂范围内所有仓库的管理。所属各部门可依据本规定，结合实际制定具体的规定。

（3）管理相关规定。

仓库防火安全管理制度

（二）仓库防火工作注意事项

严格实行仓库分区分类管理。为了防止火灾的发生，要注意做好以下防火工作：

（1）严禁生火取暖、加注汽油类操作，严禁在生产现场抽烟和乱丢烟火。

仓库防火工作注意事项

（2）库内不准用汽油擦地，工作中使用的油类、破布棉纱、沾有易燃液的抹布等，用后必须及时清理，存放在固定的桶内且应加盖，并做到对不用的浸油棉纱要定期清除，防止自燃。

（3）生产场地地面的渗油应及时清除，洗涤后的废油液必须存放在专用的容器内并加以覆盖、及时送走，禁止乱倒。

（4）油料库内不准存放化学物品和易燃易爆品，凡进入油料库的人员，严禁携带易燃易爆物品，不准穿钉子鞋，以免擦碰出火花。

（5）油库必须有防火、避雷装置，消防设施。例如要设置空气泡沫灭火剂，它适用于扑灭一般固体和石油及其他油类发生的火灾。另外，要有给水装置和简易工具（太平斧、铁锹、砂箱、梯子、水带、水枪、水桶、水池、砂池、砂包）以及消防信号等。要将各种消防设备存放在固定地点，排放整齐，各种消防器材应注明设置日期、保管人，定期检查以确保消防砂箱、水桶、灭火器均处于使用状态，不得任意挪动和他用。

（6）能自燃的物品和化学易燃物品堆垛应当布置在温度较低、通风良好的场所，必须分库储存，并标注储存物品的名称、性质和灭火方法。应当有专人定时测温。

（7）化学易燃物品的包装容器应牢固、密封，发现破损、残缺、变形和物品变质、分解等情况时，应立即进行安全处理。

另外，仓库内的照明线路、电线、电气设备，必须装有符合要求的保险装置，要经常检查有无破损、金属裸露老化情况，严防因短路或超负荷影响安全。

（三）汽车配件的消防工作

所谓消防，顾名思义，就是灭火和防火。火灾危险是仓库的最大威胁，消防工作，应当贯彻"预防为主，防消结合"的方针。首先要科学分析，研究火灾原因，然后才能有效地防火和灭火。

1. 火灾的原因

火灾是指失去控制，并造成一定损失的燃烧现象。火的燃烧要同时具备三个条件，而且要有一定的量，并互相作用，才能引起，以致造成灾害。

2. 防火

只要做好防火宣传和组织工作，采取行之有效的得力措施，火灾事故是可以避免的。具体要采取以下措施：

（1）领导高度重视仓库安全工作。

（2）广泛、深入地宣传火灾的危害性，提高防火自觉性，是防止火灾事故的重要保证。

（3）确定防火责任人和建立岗位防火责任制。把防火工作落实到人，并通过岗位责任制使防火工作制度化、经常化。

（4）严格分区分类管理。凡是易燃、危险物资，一定要进危险品仓库，凡是忌高温的物品，一定要存放在通风、不经常被日光暴晒的位置等。

（5）严格控制火种、火源和电源。凡是需要禁止一切火种的地方，要坚决禁止一切火种。

（6）严格执行安全检查制度。加强门卫，特别是加强安全巡逻值班工作的力度，防止坏人破坏。

3. 灭火

防火是关键，是上策，但是一旦发生火灾，必须组织快速扑救，以减少损失。

（1）灭火方法。灭火方法主要有三种：隔离法、窒息法和冷却法。

（2）灭火剂种类。我国常用的灭火剂主要有三种：液体灭火剂、气体灭火剂和固体灭火剂。

（3）灭火剂的特点和适用范围。灭火剂的特点各不一样，适用的对象也有所不同，如果使用不当，不但不能灭火，还会扩大损失。

4. 消防器材

汽车配件仓库常用的消防器材主要包括：各种灭火器、给水装置和简易工具（太平斧、铁锹、砂箱、梯子、水带、水枪、水桶、水池、砂池、砂包）以及消防信号等。

5. 仓库消防检查内容

仓库的消防作业，可以按表4-3-2所示进行检查。

表 4-3-2 仓库消防检查内容

仓库消防作业		
• 作业人员要求		
全体在库工作人员需接受消防安全知识培训		
• 作业前准备工作		
准备月度巡查时所需的工器具		
• 作业环境		
仓库区域内		
• 主要工器具		
1. 办公用品：□笔　□胶水　□封条 2. 表单：□消防器材检查卡 3. 其他（　　）		
• 作业步骤及作业标准		
作业步骤	作业标准	风险点控制
月度巡视准备	1. 准备好消防安全月度巡查表和消防设施检查表； 2. 对照作业前准备工作，备齐所需物品	
检查消防设施和器材配置是否完好可用	1. 检查消防水塔、水泵、水池、消防供水管道、消防栓等消防设备和器材是否运转正常； 2. 检查消防水池水量是否充足； 3. 检查各类消防设备外表是否严重生锈； 4. 检查现场消防器材：各类灭火器、砂箱、水桶、消防斧、钩、铣等消防器材的维护、保养情况； 5. 检查逃生用品及设备是否完好有效； 6. 检查应急照明设备是否可用有效； 7. 检查消防设备封印是否完好； 8. 检查逃生指导线路是否清晰，带电的逃生标志是否通电有效可用； 9. 检查灭火器材的有效日期，带有压力计的灭火器材压力是否达到标准； 10. 检查自动防火卷帘是否通电有效； 11. 检查是否有物资堆塞消防设备及走火通道	1. 消防器材应根据分散配置与集中安放相结合的原则配备； 2. 外部消防栓应沿道路设置，要靠近十字路口，两个灭火栓之间距离不应超过 100 m，距房屋墙壁不少于 5 m，距道路不超过 2 m； 3. 电气设备、忌水物资、油类、酒精和其他轻于水的易燃液体、粉末状固体、已经高度灼热的物体，如金属铸件、其他过水能使质量变化或怕水的物质禁止用水灭火； 4. 根据仓库面积，配备相当的灭火器材，远离取暖设备，防止日光直接照射； 5. 仓库设有准确可靠的报警信号，一旦发生火灾，能够迅速报警，以便及时组织扑救
填写表单并归档保存	1. 月度巡查结束后，应立即完成对应表格的填写； 2. 发现存在消防隐患应及时上报相关部门	
• 相关资料		

(三) 汽车配件的防盗工作

仓库是企业存放生产设备和产品的地方，仓储是企业生产和经营的重要一环，但由于仓库是财产的集中地，因此很多犯罪分子就瞄准了这一块来为自己牟利。而企业为了避免自己的财产损失并做好仓库防盗的工作，可以从以下三方面进行：

汽车配件的防盗工作

（1）人防。看管仓库是比较特殊的工作，看管的都是比较贵重的物品，为了应对特殊情况，企业应尽可能安排年轻力壮者负责，重点地方多安排人手。在仓库人员上岗前进行一些被盗应急措施方面的培训，当然也要熟悉仓库周边环境。

（2）仓库自身也要为防盗而设计。因为仓库里存放的都是贵重或者对生产很重要的物品，因此在仓库建立时期就要考虑到防盗的需要，除了墙体要厚，防止暴力破坏之外，对一些重要的地方要进行多重加固。

（3）安装视频监控设备，在仓库里面和附近的围墙、进出口、窗户等地方安装红外对射、手机视频监控等安防监控新产品，例如联科安防针对工厂和仓库推出的安防系列"鹰眼"套餐。

保卫工作是仓库安全管理的重要组成部分，要建立健全保卫机构，成立群众性的治安保卫委员会，还要与周围有关单位共同组建治安联防组织，并加强与当地公安机关的联系，这样上下一起抓，里外协调配合，人人关心安全，创造一个良好的治安环境，以保证汽车配件仓库的安全。

 在线测验

在线测验

 成果提交

成果提交

一、拓展任务

拓展任务

二、拓展训练

1. 库存管理七原则是什么？
2. 如何做好汽车配件的消防工作？

项目四 汽车配件仓储管理

任务 4-4 汽车配件的出库管理

 任务引入

长春一汽大众起航 4S 店的配件仓库储存了一大批汽车配件，有火花塞、离合器片、制动分泵、刹车片、发动机控制单元、散热器罩、蓄电池、氧传感器、前风挡玻璃等。7月20日该店需要把这批配件发往河北保定恒达汽车贸易公司。赵经理让员工王涛在接到提货单后，完成配件的出库作业。

那么，如果您是配件仓库保管员王涛，应该怎样去完成配件的出库工作呢？

 任务描述

仓库中的新件和旧件、合格和不合格的配件一定要严格区分，出库时应该仔细查看清楚。汽车配件的出库管理工作通常包括汽车配件出库管理要求、汽车配件出库程序、汽车配件的出库问题处理和用条形码管理配件等工作，对于配件保管员来说，这项常规性的工作应该一丝不苟地认真完成。

 学习目标

- 专业能力

（1）能核实出货，并处理损坏的套件的退货，该能力也是 1+x 证书要求的技能点。

（2）掌握汽车配件出库管理要求、汽车配件出库程序、汽车配件的出库问题处理和用条形码管理配件的知识和技能点，能够熟练进行配件出库管理工作。

- 社会能力

（1）树立服务意识、效率意识和规范意识。

（2）强化人际沟通和客户关系维护能力。

（3）树立爱岗敬业的职业道德和严谨务实勤快的工作作风。

- 方法能力

（1）利用多种信息化平台进行自主学习的能力。

（2）运用多方资源解决实际问题的能力。

（3）自主学习与独立思维能力。

一、汽车配件出库的要求

配件的发放和出库,一定要做到迅速和准确,符合出库要求。

汽车配件的出库管理
（学习手册）

（一）汽车配件出入库相关制度

以下为某品牌汽车专营店的配件出库管理制度：

出库管理规定

汽车配件出库的要求

第一条　仓管部门应在下列几种情况下出货：
☐ 维修作业领料
☐ 维修换件借用
☐ 顾客购买
☐ 索赔

第二条　除上述各项出库外,公司仓库部可视实际情形的需要出库；

第三条　各项出库均需有统一的领料单证,同时由领取人亲笔签名方可领取；

第四条　使用部门、个人急需用料情形下,库管员事先电话通知部门负责人方可按领用人的要求正确填写出库单并出库,但事后要补签手续；

第五条　任何出货仓管人员均应于出货当日将有关资料入账以便存货的控制；

第六条　各部门人员向仓管部门领货时应在仓库的柜台办理,不得随意自行进入仓库内部,各仓管人员应阻止任何人擅自入内；

发料人在配件出库时应详细检查商品的性能品质及附件是否优良或齐全；

第七条　配件领出后严禁出货人擅自将所领出的物品移转给其他人或部门；

第八条　库存配件外借,出库后一律限于当天归还仓库。

（二）汽车配件出库的要求

汽车配件出库要求做到先进先出,准确及时,坚持"三不""三核""五检查"。

1. 先进先出

保管员一定要坚持配件管理中"先进先出,出陈储新"的原则,以免造成配件积压时间过长而变质报废,给企业造成不必要的经济损失。

2. 准确及时

一般大批量配件发货不超过两天,少量货物要做到随到随发。出库前的复核一定要细致,需要过磅称重的货物也要准确,以免因超重而发生事故。

3. 三不

"三不"如图4-4-1所示,即未接单据不登账,未经审单不备货,未经复核不出库。

4. 三核

"三核"如图4-4-2所示,即在发货时,要核实凭证、核对账卡、核对实物。

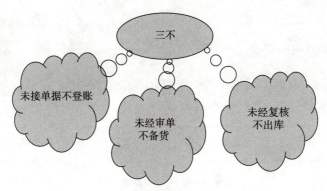

图4-4-1 配件出库要求——"三不"

图4-4-2 配件出库要求——"三核"

5. 五检查

"五检查"如图4-4-3所示,即对单据和实物要进行品名检查、规格检查、包装检查、件数检查和重量检查。

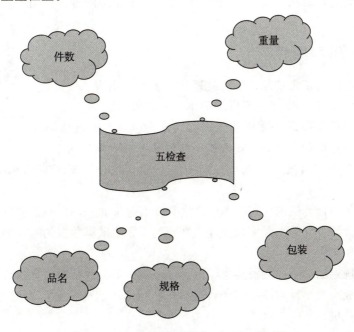

图4-4-3 配件出库要求——"五检查"

二、汽车配件的出库程序

为保证配件及时、准确、迅速出库，配件出库必须按一定的程序进行。出库流程如图 4-4-4 所示。

汽车配件的出库程序

图 4-4-4 出库流程

三、出库配件的退库处理

在汽车维修企业的售后服务中，配件出库以后又退回库房的事情也时有发生，基本上有以下两类产生退货的情况，应该分别进行处理。

1. 有质量问题配件的退库

配件管理人员在接到有质量问题配件的退库请求后，应该及时通知采购管理部门和企业质量检查人员，共同对有质量问题的配件进行检视分析，确认产生质量问题的具体原因，在分清责任后，需要填写退库报告，然后做进一步处理。

出库配件的退库处理

2. 无质量问题配件的退库

对于没有质量问题的配件退库，也要对其进行质量检查，并经过相关审批程序，填写退库报告，写清退库原因，然后办理退库。

无质量问题退库的配件可以放回原仓位，但要在配件包装上进行简单标记或批注，便于在日后发现问题时进行追溯。对于已经拆除商品包装的退库配件，应当采取必要的保护性包装措施。

四、用条形码管理配件

要维持一个仓库的正常功能，就要处理物料入库、出库、统计、盘点、收集订单、交货、验货、填写发货单、签发收据等事宜。工作人员可以利用便携式条形码阅读器光笔读入货物包装上的条形码信息，然后通过条形码命令数据卡输入相应数值和进货或发货命令，

用条形码管理配件

计算机就可打印出相应单据。通过与主计算机联系，主计算机即可自动结算货款、自动盘货。

条形码技术是在计算机的应用实践中产生和发展起来的一种自动识别技术，它是为实现对信息的自动扫描而设计的，是实现快速、准确而可靠地采集数据的有效手段。

（一）条形码体系

条形码是按规定的编码原则及符号印刷标准，将文字、数字等信息在诸如标签、吊牌等平面载体上印刷成有光学反射差异的条、点、块状图形。这种图形可用扫描器阅读、识别、解码并传输进计算机。

（二）条形码信息的阅读

条形码的识别仪器是条形码阅读器，它由扫描仪和译码器组成。条形码扫描仪是条形码识别的主要仪器。译码器是将扫描仪输出的光波信号，译制成能让计算机接受的资料信息，然后由打印机打印出信息清单。

商品条形码作为POS快速准确收集销售数据的手段，是实现仓储自动化的第一步。在POS系统中，通过商品条形码可以实现商品的自动识别、自动寻址、自动结算，使仓储管理高度自动化和信息化。

 在线测验

在线测验

 成果提交

成果提交

 拓展提升

一、拓展任务

拓展任务

二、拓展训练

1. 配件出库以后又退回库房该如何处理？
2. 汽车配件如何利用条形码进行管理？

项目五
汽车配件销售

　　汽车配件销售在汽车销售过程中占据一个重要位置,而随着车市的激烈竞争,汽车配件销售越发成为企业盈利的一个纽带。本项目将从配件查询、汽车配件销售业务概述、购销合同和配件交付四个任务展开。

任务 5-1　配件查询

任务引入

魏强大学毕业后，应聘到平洋汽车配件经销店做配件销售员。上班第一天就遇到一位姓赵的客户咨询迈腾车机油泵的情况，如果你是魏强，将如何为该客户提供相应的配件资料呢？

任务描述

汽车配件销售人员在与顾客打交道中，经常会为顾客提供一些相关配件的情况。作为汽车配件销售人员，面临如何为顾客查找相关的配件资料，并给予有效的说明的问题。

学习目标

- 专业能力

（1）能够根据相关资料解读配件编码。

（2）能够掌握"配件分类""配件编码规则""配件查询方法"等配件查询的知识和技能点，能够熟练配件检索工作。

- 社会能力

（1）树立服务意识、效率意识和规范意识。

（2）强化人际沟通和客户关系维护能力。

（3）树立爱岗敬业的职业道德和严谨务实勤快的工作作风。

- 方法能力

（1）利用多种信息化平台进行自主学习的能力。

（2）运用多方资源解决实际问题的能力。

（3）自主学习与独立思维能力。

一、配件基础知识

汽车配件产品是指汽车生产和使用过程中所需的汽车的零部件和耗材。它主要包括新车出厂以后汽车维修和保养过程中用来更换的新配件或修复件，汽车上需要更换或添加的各种油和液，以及用于提高汽车使用的安全性、舒适性和美观性的产品。

配件查询（学习手册）

（一）汽车配件的分类

汽车配件种类较多，对汽车配件分类的方法有很多，主要有按标准化分类、按实用性分类和按用途分类等几种分类方法。

1. 按标准化分类

汽车配件分为发动机配件、底盘配件、车身及饰品配件、电气电子产品和通用件五种类型。根据汽车的术语和定义，配件包括总成、分总成、子总成、单元体和零件。

汽车配件分类

2. 按实用性分类

根据我国汽车备件市场供应的实用性原则，汽车配件分为易耗件、标准件、车身覆盖件与保安件四种类型。

3. 按用途分类

汽车配件也可以根据用途分为维修零件、汽车精品、油类和化学品三种类型。具体类型及举例如表 5-1-1 所示。

表 5-1-1 汽车配件产品的类型

产品类别	说明	主要产品举例	图片示例
维修零件	汽车进行维修和保养时，用在汽车各个部位的零件	火花塞、水箱、燃油泵、空气流量计、空气滤清器、机油泵、机油滤网、刹车碟、刹车分泵、直拉杆、横拉杆、避震弹簧、八字平衡拉杆	汽车空气滤清器
汽车精品	主要用于增加客户驾驶舒适性的商品	遮阳板、头枕、仪表板、门护板、座椅、手柄、扶手、拉手、前后保险杠	拉手

续表

产品类别	说明	主要产品举例	图片示例
油类和化学品	主要用于汽车的养护	润滑油、自动变速箱油、车蜡、车釉、漆面保护膜、防冻液、制动液、冷却液、汽车美容海绵、擦车麂皮、防锈剂、洗车清洁剂、抗磨剂、黏合剂、增效剂、防腐剂、玻璃防雾剂、玻璃修补剂等	机油

（二）汽车配件的包装标识

汽车配件的外包装包括商品分类图示标志、供货号、货号、品名规格、数量、重量、生产日期、生产工厂、体积、有效期限、收货地点和单位、发货单位、运输号码以及发运件数等，如表5-1-2所示。这是为在物流过程中辨认货物而采用的必要标志。它对收发货、入库及装车配船等环节的进行起着极其重要的作用。

汽车配件包装标识

表5-1-2　包装标志

序号	项目			含义
	代号	中文	英文	
1	FL	商品分类图示标志	classification marks	表明商品类别的特定符号
2	GH	供货号	contract NO.	供应该批货物的供货清单号码（出口商品用合同号码）
3	HH	货号	art NO.	商品顺序编号，以便出入库、收发货登记和核定商品价格
4	PG	品名规格	specifications	商品名称或代号，标明单一商品的规格、型号、尺寸和花色等
5	SL	数量	quantity	包装容器内含商品的数量
6	ZL	重量（毛重）（净重）	gross weight, net weight	包装件的重量，包括毛重和净重
7	CQ	生产日期	date of production	产品生产的年、月、日
8	CC	生产工厂	manufacturer	生产该产品的工厂名称
9	TJ	体积	volume	包装件的外径尺寸，长×宽×高＝体积
10	XQ	有效期限	term of validity	商品有效期至×××年××月
11	SH	收货地点和单位	place of destination and consignee	货物到达站、港和某单位（人）收（可用贴签或涂写）
12	FH	发货单位	consignor	发货单位（人）

续表

序号	项目			含义
	代号	中文	英文	
13	YH	运输号码	shipping NO.	运输单号码
14	JS	发运件数	shipping pieces	发运的件数

注：1. 分类标志一定要有，其他各项合理选用。
2. 外贸出口商品根据国外客户要求，以中、外文对照，印制相应的标志和附加标志。
3. 国内销售的商品包装上不填英文项目。

　　分类标志是表明汽车配件类别的特定符号。它是按照国家统计目录对汽车配件进行分类的，用几何图形和简单的文字来表明汽车配件的类别，是收发货之间据以识别的特定符号。汽车配件常用分类图示标志如图5-1-1所示。

图5-1-1　汽车配件常用分类图示标志

　　常用汽车配件包装材料有纸箱、木箱、EMS信封、缠绕气泡袋等。所有纸箱上都会标有小心轻放、向上、怕湿等提示信息（见图5-1-2），便于在物流转运装卸过程中识别和指导标准化作业。

图5-1-2　包装上的提示信息

二、配件编码

　　汽车配件的编码以及汽车配件的型号、品种和规格一般打印在配件的包装物上，也有的打印或铸造在配件的非工作表面。

(一) 现行国产汽车配件的编号规则

1. 汽车零部件编号规则

在我国，现行汽车零部件编号均按 QC/T 265—2004《汽车零部件编号规则》统一编制。

(1) 汽车零部件编号表达式。

国产江铃全顺汽车的机油冷却器出水管（大）的配件编码为 1012012TAB1。现以此为例，来说明国产汽车零部件的编号规则，如图 5-1-3 所示。

现行国产汽车零部件的
编码规则

$$\underset{①}{1012} \quad \underset{②}{012} \quad \underset{③}{TA} \quad \underset{④}{B1}$$

图 5-1-3　汽车零部件编号规则

(2) 标准术语说明。

图 5-1-3 中，①表示分组号；②表示件号；③表示结构区分号；④表示变更经历代号（或修理件代号）。

通过上例可知，国产汽车零部件的编号由企业名称代号、组号、分组号、件号、结构区分号、变更经历代号（或修理件代号）组成。

2. 汽车标准件的编号规则

汽车标准件的编号规则分以下两种情况：

①不含专用隶属件的汽车标准件编号表达式。

②含专用隶属件的汽车标准件编号表达式。

(二) 未来国产汽车编码规则

中国标准化管理委员会于 2015 年 9 月 11 日批准发布了由中国物品编码中心、中国自动识别技术协会等单位起草的 GB/T 32007—2015《汽车零部件的统一编码与标识》国家标准。该标准规定了汽车零部件统一编码的编码原则、数据结构、符号表示方法及其位置的一般原则，适用于汽车零部件（配件）统一编码和标识的编制。它提高了汽车零部件管理的信息化水平，实现了可追踪性与可追溯性；有助于零部件和整车企业对产品的全生命周期管理及缺陷产品召回，有利于汽车服务市场的转型、升级，可促进我国汽车零部件生产企业、整车企业、维修和流通领域的诚信和品牌建设。同时，标准的出台为汽车配件生产、流通、维修，后市场的电子商务、移动互联网、质量保障体系、云服务平台的建立提供有力支撑。

1. 汽车零部件统一编码的编码原则

汽车零部件统一编码应遵循唯一性、稳定性、可扩展性、可追溯性、可兼容性的原则，适用于汽车生产、流通、维修、消费等环节。

(1) 唯一性。汽车零部件统一编码的唯一性是指汽车零部件产品的基本特征发生变化后应编制新的全球贸易项目代码 GTIN，产品的基本特征一般包括产品名称、商标、种类、规格、数量和包装类型等关键属性要素，同时要考虑产品自身的特性和市场销售需要确定的其他属性要素，对汽车零部件产品的全球贸易项目代码 GTIN 进行合理的唯一性编码。

(2) 稳定性。汽车零部件统一编码的稳定性是指一旦为汽车零部件的全球贸易项目代码 GTIN 编制了一个代码，只要产品的基本特征没有发生变化就不能重新编制新产品的代码，而且考虑到多数汽车零部件产品的较长使用周期，曾经使用过的全球贸易项目代码 GTIN 不建议再应用于新的零部件产品上。

（3）可扩展性、可追溯性、可兼容性。汽车零部件统一编码的可扩展性、可追溯性、可兼容性主要是指编码时应充分考虑汽车零部件产品的行业特性，结合信息化技术，通过数据库和信息交换对汽车零部件统一编码与企业内部产品管理码、采购方或总装企业的 OE 码、售后的追踪追溯码进行整合关联、映射对照，在不同的应用环节中通过自动识别技术识读条码信息，通过网络调取数据库中零部件产品的详细信息，达到汽车生产、流通、维修和消费等不同环节中对于汽车零部件编码的信息化应用的目的。

2. 汽车零部件统一编码数据结构

汽车零部件统一编码数据由基本数据结构和扩展数据结构组成。基本数据结构给出了唯一标识到零部件的单品或整批标识到批次的编码数据结构与标识方法，企业可根据生产的实际情况对零部件产品进行单品编码或批次编码；常用扩展数据结构则根据实际应用需要对汽车零部件产品内部零部件号、零部件在客户方的代码（OE 码）、生产日期等产品属性信息进行编码。

1）统一编码的基本数据

基本数据由全球贸易项目代码 GTIN 和零部件批号或零部件序列号组成，基本数据结构如表 5-1-3 所示。其中，应用标识符 01 为必选，应用标识符 10 和 21 至少选择一项。

表 5-1-3 基本数据结构

应用标识符	数据格式	数据名称
01	n_{14}	全球贸易项目代码 GTIN
10	$a_{n,20}$	零部件批号
21	$a_{n,20}$	零部件序列号

注：1. n_{14} 定长，表示 14 个数字字符；
2. $a_{n,20}$ 不定长，表示最多 20 个字母、数字字符。

实际应用过程中如果汽车零部件是通过批次进行整批标识和管理的，则应采用应用标识符 01 字符串（全球贸易项目代码 GTIN）和应用标识符 10 字符串（零部件批号）组合进行统一编码。如果汽车零部件是通过序列号进行单个标识和管理的，则应采用应用标识符 01 字符串（全球贸易项目代码 GTIN）和应用标识符 21 字符串（零部件序列号）组合进行统一编码。汽车零部件产品中个别既标识零部件批号又标识序列号的，可以采用应用标识符 01、10、21 三个字符串组合进行统一编码，也可以把产品批号和序列号进行整合，使之成为一个既含有产品批号又包括序列号的单个产品唯一序列的标识和管理形式。统一编码中的批号或序列号数据应与产品明文标识的批号或序列号一一对应，严格一致。

应用标识符 01 即全球贸易项目代码 GTIN 由厂商识别代码、商品项目代码和校验码组成。其中，厂商识别代码需要向中国物品编码中心注册成为中国商品条码系统成员后才能使用；商品项目代码是由企业根据 GB 12904—2008《商品条码零售商品编码与条码表示》对不同产品进行唯一性的编码、计算校验码，且应保持编码的稳定性和无含义性。全球贸易项目代码 GTIN 编码示例：假设某零部件生产企业已经注册厂商识别代码 69299999，该企业目前生产的气缸套、风冷缸套、轴瓦三个大类共计 22 种产品使用统一编码标识,其商品项目代码按流水号 0001~0022 连续编号,如再增加一种新的产品则商品项目代码编为 0023,再增加则商品项目代码编为 0024,以此类推,为每种零部件编制商品项目代码。进行商品项目编制时应考虑产品名称、商标、种类、规格、数量、包装类型等关键属性要素和贸易方之间的对交易信息的交互需求,但 GTIN 中的商品项目代码与企业内部的产品管理代码或上游采购方的 OE 代码等无必然联系,可以在信息数据库中采用关联、映射等方式实现对应、对照。全球贸易项目代码 GTIN 06929999900013 这 14 个数字,仅是全球唯一的一组数字代码,其所表示的产品牌号、发动机型号、OE 代码等类别、属性、规格型号等产品描述性信息均应以 GTIN 为关键字通过网络从数据库中调取。某企业产品全球贸易项目代码 GTIN 表如表 5-1-4 所示。

表 5-1-4 某企业产品全球贸易项目代码 GTIN 表

产品类别	牌号	发动机型号	原厂 OE 代码	缸数	缸径	总长	厂商说明代码	商品项目代码	校验码	全球贸易项目代码 GTIN
气缸套	1	C190	9-11261-224-1	4	86.0(FF)	163	69299999	0001	3	06929999900013
气缸套	1	D500	9-11261-257-0	6	98.0(FF)	206	69299999	0002	0	06929999900020
气缸套	1	6BD1	1-11261-118-0	6	102.0(FF)	204	69299999	0003	7	06929999900037
气缸套	1	4BD1					69299999	0004	4	06929999900044
气缸套	1	10PE1	1-11261-175-0	10	127.0(FF)	233	69299999	0005	1	06929999900051
气缸套	M	4DQ5	30607-50301	4	83.0(SF)	162	69299999	0006	8	06929999900068
气缸套	M				84.0(FF)		69299999	0007	5	06929999900075
气缸套	M	6D15-3AT	M071090	6	113.0(FF)	206	69299999	0008	2	06929999900082
气缸套	M	8C0	M062783	8	138	259	69299999	0009	9	06929999900099
气缸套	M	8C1	M060439-41	8	142	257	69299999	0010	5	06929999900105
气缸套	M						69299999	0011	2	06929999900112
风冷缸套	J	JC/80	11340-01116	1	80	113	69299999	0012	9	06929999900129
风冷缸套	D	D/MA	11340-01118	1	88	96	69299999	0013	6	06929999900136
风冷缸套	B		11340-09225	1	90	104	69299999	0014	3	06929999900143
风冷缸套	T	T3-928		1	120	260	69299999	0015	0	06929999900150
风冷缸套		T3-929					69299999	0016	7	06929999900167

续表

产品类别	牌号	发动机型号	原厂OE代码	缸数	缸径	总长	厂商说明代码	商品项目代码	校验码	全球贸易项目代码GTIN
轴瓦	C	D343	7W 2136				69299999	0017	4	06929999900174
轴瓦			7W 2137				69299999	0018	1	06929999900181
轴瓦	C	D399	7W 2138				69299999	0019	8	06929999900198
轴瓦			7W 2139				69299999	0020	4	06929999900204
轴瓦	C	3116	7W 2140				69299999	0021	1	06929999900204
轴瓦			7W 2141				69299999	0022	8	06929999900228
……							69299999	……	c	……

2）统一编码的常用扩展数据

常用扩展数据为可选项，不可单独使用，需要与基本数据配合使用。常用的扩展数据如表5-1-5所示。

表5-1-5 常用的扩展数据

应用标识符	数据格式	数据名称
92	$a_{n,20}$	供应商在客户方的厂商代码
240	$a_{n,20}$	零部件号
241	$a_{n,20}$	零部件在客户方的代码
400	$a_{n,20}$	客户购货订单代码
00	n_6	生产日期（年、月、日）

注：1. n_6定长，表示6个数字字符；
2. $a_{n,20}$不定长，表示最多20个字母、数字字符。

常用扩展数据作为汽车零部件统一编码的可选项，是需要企业根据自身生产经营的管理需要和市场销售流通及售后维护的应用需要和GB/T 16986—2009《商品条码应用标识符》选择合适的应用标识符AI及其对应的数据编码。结合汽车行业的应用特点，规定了应用标识符AI（92）、AI（240）、AI（241）、AI（400）、AI（11）五项作为常用扩展数据。常用扩展数据所表示编码信息仅作为基本数据的补充，不能脱离基本数据单独使用。如总装企业或整车企业要求在汽车零部件统一编码加入OE代码，即可选择应用标识符AI（241）（零部件在客户方的代码），在汽车零部件统一编码加入生产日期，即可选择应用标识符AI（11）（生产日期）。

3）统一编码的其他扩展数据结构要素

其他扩展数据结构要素为可选项，不可单独使用，需要与基本数据配合使用，可根据实际情况增减数据结构要素。除了五项常用扩展数据以外，考虑到汽车行业生产、贸易及供应链中的信息数据的交换个性化要求，对汽车零部件统一编码还可以选择GB/T 16986—2009中已经注明的其他应用标识，如AI（00）系列货运包装箱代码、AI（02）物流单元中的全球贸易项目代码、AI（17）有效期、AI（310X）净重（千克）、AI（37）在一个物流单元中所含贸易单元的数量、AI（410）交货地 EAN·UCC 全球位置码、AI（420）收货方邮政编码等。

在仓储箱包装、运输用托盘上也可以根据 GB/T 16986—2009 和 GB/T 15425—2014 的具体要求对汽车零部件统一编码进行更为全面、深入的应用，全面提高汽车零部件相关贸易方的全球化产品数据自动识别采集、数据交互的效率，不但可以满足企业内部信息化管理的要求，还可以服务于供应链的各个环节对于产品信息的自动采集，使汽车零部件统一编码更好地服务于汽车行业的发展。

4）汽车零部件统一编码示例。

（1）带有常见扩展数据的配件编码。图 5-1-4 中显示的条码符号下端的一串数字、字符或字母为供人识别的字符，应将供人识别字符中的应用标识符用圆括号括起来，以明显区别于其他数据。此编码的含义具体解释如下：

图 5-1-4　带有常见扩展数据的某配件编码

（01）06929999900228：AI（01）全球贸易项目代码 GTIN，是该厂生产的牌号为 C、发动机型为 3116、原厂 OE 代码为 7W2141 的轴瓦的全球贸易项目代码。

（10）W07201501：AI（10）零部件批号，为该轴瓦的生产批号。

（241）7W2141：I（241）零部件在客户方的代码，为上游采购方或总装企业为该轴瓦分配的 OE 码。

（2）带有其他扩展数据结构的配件编码。图 5-1-5 中的配件编码含义具体解释如下：

图 5-1-5　带有其他扩展数据结构的某配件编码

（01）06929999900389：AI（01）全球贸易项目代码 GTIN，为某汽车零部件的统一编码。

（10）W07201501：AI（10）零部件批号，为某汽车零部件的生产批号。

（11）150211：AI（11）生产日期，某汽车零部件的生产日期为2015年2月11日。

（400）70297375：AI（400）客户购货订单代码，为合同订单编号。

（241）0580012：AI（241）零部件在客户方的代码，为采购方对供应商的某零部件的编号。

（3）汽车零部件统一编码在外包装箱上应用的编码。如某零部件生产企业根据自身生产管理需要和贸易伙伴的管理需求，在贸易或仓储运输过程中通过扫描外包装箱上的条码实现不拆箱的货物交割，对其生产的某零部件外包装箱（非单件）进行符合本标准规定要求的统一编码与标识，如图5-1-6所示。

图5-1-6 某零件外包装箱上应用的编码

此包装箱上的编码含义解释如下：

（00）0692999990000000：AI（00）全球系列包装箱代码，为全球范围内唯一一箱编号。

（3302）000417：AI（3302）毛重（千克），保留小数点后两位，为毛重4.17千克。

（01）16929999900386：AI（01）全球贸易项目代码GTIN且包装指示符为1。

（30）0006：AI（30）外箱内装的单件数，为箱内装6件。

（400）70297375：AI（400）客户购货订单代码，为合同订单编号。

（92）0580012：AI（92）供应商在客户方的厂商代码，为采购方对供应商编号。

（91）663301：AI（91）贸易双方内部自定义交易信息，为一批共663件中的第301件。

（三）进口汽车配件的编码规则

我国进口（或引进车型）汽车品牌繁多，在工业发达国家，各汽车制造厂的零件编号并无统一规定，由各厂自行编制，其配件编号规则各不相同，这里以大众车系举例说明。

进口汽车配件的编码规则

甲壳虫是大众汽车品牌之一，现以它的后视镜为例，对大众汽车配件的编码规则加以说明（见图 5-1-7）。甲壳虫后视镜的编码为 113857501AB01C。

```
113    857    501    AB    01C
 ①      ②      ③     ④     ⑤
```

图 5-1-7　甲壳虫后视镜编码示意图

说明：①表示车型或机组代码；②表示大类及小类；③表示配件号；④表示设计变更号（技术更改号）；⑤表示颜色代码。

通过上述例子，可看出大众的配件编码规则简明、完整、精确、科学。德国大众配件号码一般由 14 位组成。它们是通过阿拉伯数字和英语字母进行组合的。每一个配件只对应一个号码，每组数字、每个字母都表示这个件的某种性质，人们只要找出这个号码，就可以从几万或几十万库存品种中找出所需的配件来。

三、汽车配件的查询

汽车配件的查询包括两方面的内容，一方面是查询并确认客户所需配件的零件编号、零件名称和型号等信息；另一方面是查询该配件的库存数量、价格和仓位等信息。

（一）汽车配件查询工具

通过查阅配件目录来确认配件编号。汽车配件查询工具主要有书本配件手册、微缩胶片配件目录和电子配件目录（CD 光盘）三种形式。三者只是载体的形式不同，但内容上是一样的。

汽车配件的查询工具

（二）汽车配件查询方法和步骤

如何根据客户的描述去查询和确认客户所需要的配件呢？一般的汽车配件电子目录查询软件都提供了多种查询检索途径，配件管理人员可根据具体情况选择不同查询方法获取所需的信息。常用汽车配件的检索方法有按汽车零件名称（字母顺序）索引、按汽车总成分类、按零件图形（图号）索引、按零件编号（件号）等，分述如下：

汽车配件查询方法

下面以丰田汽车电子零件目录查询系统的具体应用来说明几种常用的汽车配件查询方法。

1. 通过配件编号即件号直接查询零件

如输入零件编号 04465-33340，单击"查询"按钮后即可得到关于此零件的相关信息，如图 5-1-8 所示。

2. 汽车总成分类（图例、图号）索引查询

图 5-1-9 所示为按汽车总成分类索引查询的总界面。

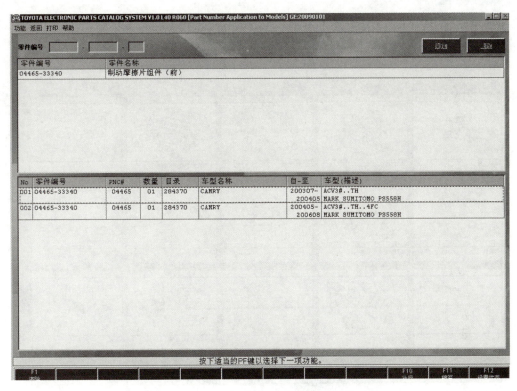

图5-1-8 以配件编号进行零件查询的界面

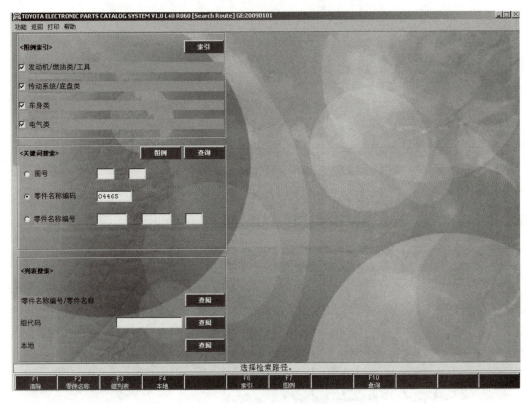

图5-1-9 汽车总成分类索引查询的总界面

如我们要查发动机活塞件，则单击工具/发动机/燃油类条目，显示图5-1-10所示界面，再根据界面所示的图例、图号查询所要的具体配件。

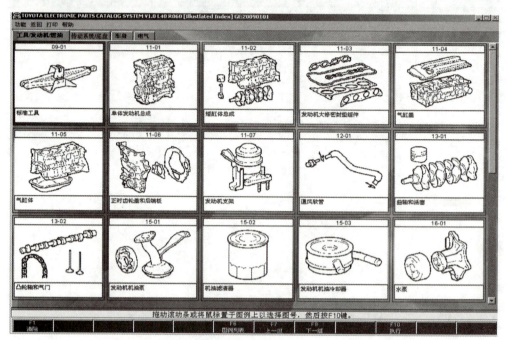

图5-1-10　汽车总成分类（图例、图号）索引——工具/发动机/燃油类查询界面

其他按总成分类的图例、图号分类索引界面分别如图5-1-11~图5-1-13所示。

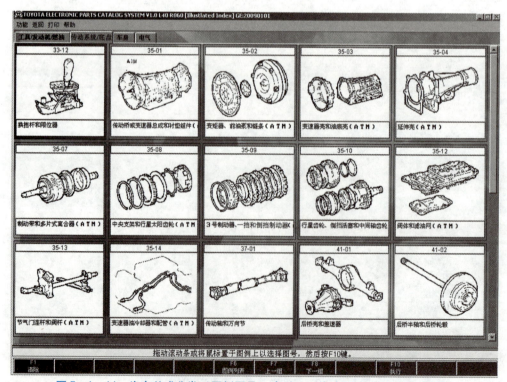

图5-1-11　汽车总成分类（图例图号）索引——传动系统/底盘类查询界面

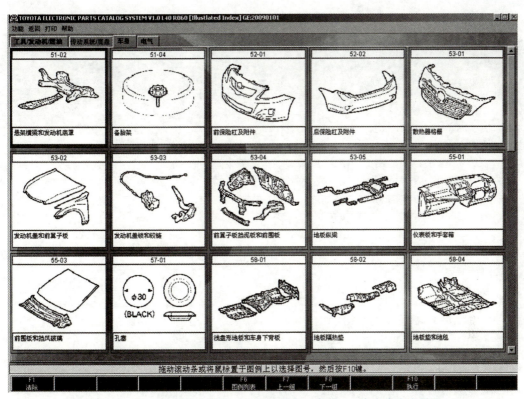

图 5-1-12 汽车总成分类(图例、图号)索引——车身类查询界面

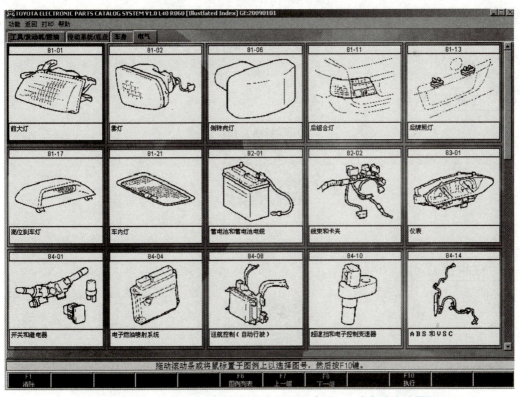

图 5-1-13 汽车总成分类(图例、图号)索引——电气类查询界面

3. 按零件名称编码 PNC（Part Name Code）查询（见图 5-1-14）

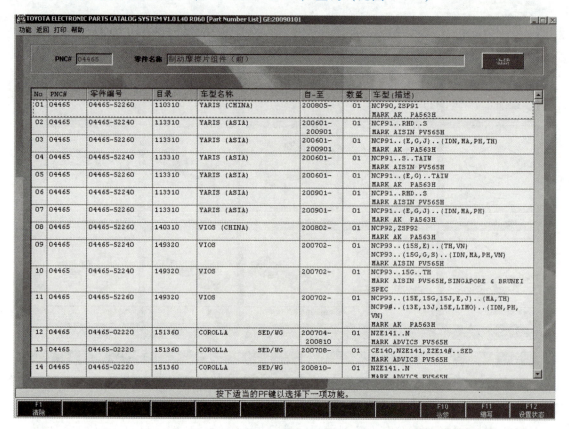

图 5-1-14　按零件名称编码 PNC 查询界面

在线测验

成果提交

拓展提升

一、拓展任务

拓展任务

二、拓展训练

1. 汽车零部件统一编码的编码原则是什么?
2. 如何根据客户的描述去查询和确认客户所需要的配件?

任务 5-2　汽车配件销售业务概述

任务引入

客户刘先生的 2005 款奥迪 A6 的前刹车盘需要更换，另外，随着北方的气温开始下降，天气逐渐变冷，刘先生想给自己的车添加防冻液。他来到长荣汽车配件经销店，向销售员张君询问了是否有防冻液和 2005 款奥迪 A6 的前刹车盘。张君应声答道："有，在这边，看一下吧！"刘先生顺着小张手指的方向，看到了各式各样的前刹车盘器和防冻液，不禁说了句："这么多种！多少钱呀？"张君说："防冻液的价格不等，从十几元的到一百多元的都有。A6 的前刹车盘单片 310 元。"刘先生说"太贵了！"张君回答说："好东西当然价格要高了，便宜的也用不住呀！"刘先生说："能便宜点吗？"张君说："我们是明码实价，跟其他经销店比已经很优惠了！"刘先生略微思考了一下，又问："那如果我不用奥迪 A6 的前刹车盘，改用其他品牌的前刹车盘，有合适的吗？价格大概是多少？"张君想了想，只说"最好还是用奥迪 A6 的前刹车盘，别的都不合适。"刘先生听后一脸的无奈，转身离开了经销店。

显而易见，张君向刘先生进行的配件产品销售是失败的，导致了客户的流失。那么，如果您是该汽车配件经销店的销售人员张君，怎样做才能向顾客进行一个成功的配件产品销售，从而赢得顾客呢？

任务描述

汽车配件销售人员在与顾客打交道中，经常因为销售方式的不正确以及缺乏配件产品的互换性知识，而导致顾客不满意，进而拂袖离去。汽车配件销售人员面临的问题是如何针对顾客需求成功开展配件销售。

学习目标

- 专业能力

（1）能够理解配件的通用互换性。

（2）能够掌握"迪伯达配件销售模式""埃德伯配件销售模式""费比配件销售模式"等汽车配件销售业务知识和技能点，能够熟练进行配件销售工作。

- 社会能力

（1）树立服务意识、效率意识和规范意识。

项目五 汽车配件销售

 学习目标

（2）强化人际沟通和客户关系维护能力。
（3）树立爱岗敬业的职业道德和严谨务实勤快的工作作风。
- 方法能力
（1）利用多种信息化平台进行自主学习的能力。
（2）运用多方资源解决实际问题的能力。
（3）自主学习与独立思维能力。

 相关知识

一、配件销售特征

汽车配件销售与一般商品销售相比较，有以下特征：

汽车配件销售业务概述
（学习手册）

（一）较强的专业技术性

现代汽车是融合了多种高新技术的集合体，其每一个零部件都具有严格的型号、规格和工况标准。要在不同型号汽车的成千上万个零件品种中为顾客精确、快速地查找出所需的配件，就必须有高度专业化的人员，并有计算机管理系统作为保障。从业人员既要掌握商品营销知识，又要掌握汽车配件专业知识、汽车材料知识和机械识图知识，学会识别各种汽车配件的车型、规格、性能、用途以及配件的商品检验知识。

（二）经营品种多样化

一辆汽车在整个运行周期中，约有3 000种零部件存在损坏和更换的可能，所以经营某一个车型的零配件就要涉及许多品种、规格的配件。即使同一品种、规格的配件，由于经营的厂商不同，其质量、价格差别也很大，甚至还存在假冒伪劣产品，因此要为用户推荐货真价实的配件，也不是一件很容易的事。

（三）经营必须有相当数量的库存支持

由于汽车配件经营品种多样化以及汽车故障发生的随机性，经营者要将大部分资金用于库存储备和商品在途资金储备。

（四）经营必须有服务相配套

汽车是许多高新技术和常规技术的载体，经营必须有服务相配套，特别是技术服务至关重要。相对于一般生活用品而言，经营配件更强调售后的技术服务。

（五）配件销售有一定的季节性

一年四季，春夏秋冬这一不以人们意志为转移的自然规律，给汽车配件销售市场带来不同需求。在春雨绵绵的季节里，为适应车辆在雨季行驶，对车上的晴雨挡、各种风窗玻璃、车窗升降器、电气刮水器、刮水臂及片、挡泥板等部件的需求就会增多。炎热的夏季，因为气温高，发动机件磨损大，对火花塞、白金（断电触点）、进排气门、风扇带及冷却系统部件等的需求就特别多。寒冷的冬季，气温低，发动机难起动，对蓄电池、预热塞、起动机齿

139

轮、飞轮齿环、防冻液和各种密封件等配件的需求就增多。由此可见，自然规律给汽车配件市场带来非常明显的季节需求。调查资料显示，这种趋势所带来的销售额占总销售额的30%~40%。

（六）配件销售有一定的地域性

我国国土辽阔，有山地、高原、平原、乡村和城镇，并且不少地区海拔悬殊。这种地理环境，给汽车配件销售市场带来地域性的不同需求。在城镇，特别是大、中城市，因人口稠密、物资较多、运输繁忙，汽车起动和停车次数较频繁，机件磨损较大，其所需起动、离合、制动、电气设备等部件的数量就比较多，如一般省会城市，其公共汽车公司、运输公司的车辆，所需离合器摩擦片、离合器分离杠杆、前后制动片、起动机齿轮、飞轮齿环等部件一般就占上述各系品种总销售额的40%~50%。在山地高原，因山路多、弯道急、坡度大、颠簸频繁，汽车钢板弹簧就易断、易失去弹性；减震器部件也易坏；变速部件、传动部件易损耗，需要更换总成件也较多。由此可见，地理环境对汽车配件销售市场有非常明显的影响。

（七）配件的通用互换性

随着汽车工业的发展，汽车保有量不断增加，车型的发展变化亦非常快，使得汽车配件种类更加繁杂。虽然如此，但汽车配件却在一定范围内具有互换性。作为汽车配件销售人员，有必要掌握一些配件互换性方面的知识，以便更好地服务于顾客。

二、传统汽车配件销售

（一）汽车配件产品的介绍要点

汽车配件销售人员在向顾客介绍产品时应从产品的品种、品牌、规格和性能等几个方面进行介绍。下面以汽车轮胎为例说明汽车配件产品的介绍要点。

1. 品种

商品的品种是指为了满足不同社会消费需要，按某种形态特征划分或结合的商品群体。汽车配件销售人员要熟悉自己推销的产品的品种及各个品种的主要特征，尤其是企业最新开发的品种，要能够介绍各个品种的差异、新品种的改进与提高。例如，汽车轮胎按照结构可划分为斜交线轮胎（见图5-2-1）和子午线轮胎（见图5-2-2）。

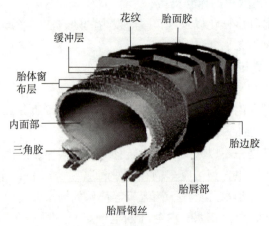

图5-2-1 斜交线轮胎结构

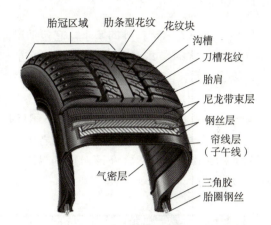

图 5-2-2　子午线轮胎结构

2. 品牌

品牌又称牌子,是制造商或经营商加在商品上的标志。品牌是一个名称、词汇号、图案设计或三者的组合。汽车轮胎的品牌有很多,国产的轮胎品牌,如三角、回力、解放、东风、双钱、固力等(见图 5-2-3),国外的知名品牌也不少,如米其林、固特异、普利司通、韩泰等(见图 5-2-4)。

图 5-2-3　国内某轮胎标识

图 5-2-4　国外某轮胎标识

3. 规格

规格指生产单位对产品和所使用的原材料等的要求。它包括产品体积的大小、质量的大小、某种成分的含量多少、内外形状的尺寸等。产品的规格不同，性能和用途往往也不一致。汽车轮胎规格常用一组数字表示，前一个数字表示轮胎断面宽度，后一个数字表示轮辋直径，均以英寸（in）为单位。中间的字母或符号有特殊含义："x"表示高压胎；"R""Z"表示子午胎；"—"表示低压胎。如在轮胎上标有195/65R1591V（见图5-2-5），其中195表示胎面宽（mm），65表示扁平比（即胎高与胎宽之比），R表示子午线轮胎，15表示钢圈直径（in），91表示单胎最大承重指数（即对应的最大载荷为615 kg），V表示速度级（即最高安全极速是240 km/h）。

图5-2-5 某轮胎规格标识

4. 性能

商品的性能是指商品所具有的性质和功能。由于从轮胎结构上可将汽车轮胎划分为斜交线轮胎和子午线轮胎，因此它们在性能上具有一定的差异性。

（二）汽车配件产品的传统推介方法

汽车配件产品的传统推介方法是根据汽车配件推介活动的特点以及对消费者购买行为各阶段的心理演变应采取的策略，总结出的一些程序化的标准推介模式。

1. 迪伯达（DIPADA）模式

迪伯达模式分为六个步骤（见图5-2-6），汽车配件销售人员在向顾客推介汽车精品时可采用此模式。

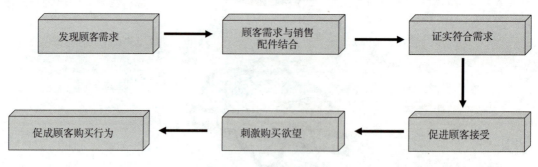

图5-2-6 迪伯达模式

（1）发现顾客需求。由于汽车精品是用于增加客户驾驶舒适性的商品，因此顾客的需求和愿望是需要汽车配件销售人员通过观察和交谈来发现的。发现顾客需求的方法如表5-2-1所示。

表 5-2-1　发现顾客需求的方法

顾客类型	观察特点	交谈方法
目的明确型顾客	进店时目光集中，脚步很快，有的径直向柜台走来，表示来意，提出要求；有的则在店内东瞧西望地寻找他所需购买的配件	语言简洁凝练，只需寥寥数语就可结束全部的交谈，完成交易
犹豫不决型顾客	进店时脚步比较缓慢，目光比较集中，观看商品时比较仔细，看到某种商品后，好像感兴趣，但当接近商品时，却若有所思，显出犹豫的神色	销售员不但要利用开放式或封闭式提问方式与顾客进行交流，推测和弄清客户需要什么商品，而且要细心观察客户的情绪，以选择合适的语言介绍、推荐最适合客户需要的商品

通过上述方法，销售人员可知晓顾客的具体需求方向，以便与自己销售的配件结合起来，从而把握好向顾客推荐商品的方向。例如，销售人员通过对顾客的观察和交谈，发现顾客非常关注颈部的安全，那么可判断顾客的需求为汽车头枕。

（2）顾客需求与销售配件结合。知道顾客需求后，接下来要做的事情就是把顾客的需求与自己所销售的汽车头枕"结合"起来，"结合"方法有五种，但要根据具体的情况有针对性地实施。顾客需求与销售配件结合的方法如表 5-2-2 所示。

表 5-2-2　顾客需求与销售配件结合的方法

名称	内容
物的结合	从所销售汽车配件具备的满足顾客需求的优点、功能等汽车配件实体特征出发进行汽车配件与需求的结合
汽车配件整体概念的结合	销售员从汽车配件的整体概念出发实现汽车配件与顾客需求的结合
观念结合法	销售员与顾客首先在观念上尤其是价值观念上达到认同而实现汽车配件与顾客需求的结合
信息结合法	销售员通过及时传达有用的信息给顾客，从而引发顾客对销售汽车配件大量需求的方法
关系结合法	销售员利用社会关系把汽车配件与顾客需求相结合

（3）证实符合需求。当应用"结合法"让顾客知道你所销售的头枕的信息后，接下来销售员就要通过收集和应用证据来证实他所销售的汽车配件符合顾客需求。证据分为很多种，具体内容如表 5-2-3 所示。

表5-2-3 证据类型

划分依据	类型	内容
证据的提供者	人证	真实的且知名度高的人士对所销售汽车配件在购买与消费后所提供的证据
	物证	有关职能与权威部门出具的证据及表明使用后果的实物性证据，如有关方面的鉴定测试报告等
	例证	作为证据的典型事例与方案，如果购买所销售汽车配件并取得较好效果的组织是有名的大企业或是有名的事件与人物，则应做主要例证
证据的载体	文字证据	如上级文件、鉴定材料、顾客表扬书信、订单、书报文章等形成的证据
	图片证据	用真人、真事、真物拍摄照片以及用图形表格制成的图片所形成的证据
	光电证据	用光电等科技手法获取的证据，如录音录像、电影拷贝、电脑网络储存的资料等

对于顾客而言，证据是最有说服力的，胜过销售人员的千言万语，有力的证据是顾客对所推介商品产生信心的保障。

（4）促进顾客接受。当销售人员利用证据向顾客证明所推介的头枕是符合顾客的需求之后，下一步要做的事情就是促进顾客接受所推介的汽车头枕。

（5）刺激购买欲望。激起消费者购买欲望是汽车头枕推介过程中的一个关键性阶段，主要方法有示范法和诱导法。

（6）促成顾客购买行为。销售人员最终促使顾客做出购买汽车头枕决定的方法有很多种，如直接成交法、优惠成交法、异议成交法和最后机会成交法等。

2. 埃德伯（IDEPA）模式

埃德伯模式分为五个阶段（见图5-2-7）。汽车配件销售人员在向顾客推介汽车维修零件时，可采用此模式。

埃德伯模式

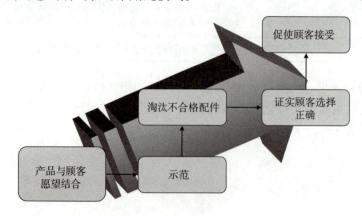

图5-2-7 埃德伯模式

3. 费比（FABE）模式

费比模式的销售步骤如图 5-2-8 所示，汽车配件销售人员在向顾客推介汽车化学品时可采用此模式。

费比模式

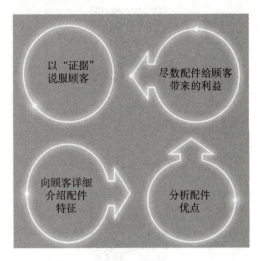

图 5-2-8　费比模式

例如，某顾客要购买机油。首先销售员在见到顾客后，要以准确的语言把汽车机油的特征详细地介绍给顾客。特征的内容有机油的性能、成分、作用及价格等。其次向顾客分析不同品牌、不同标号机油的优点。再向顾客告知它们能够给顾客带来哪些利益。最后利用各种证据说服顾客购买销售人员所推介的机油。

三、汽车配件电子商务

所谓电子商务（Electronic Commerce），是指利用计算机技术、网络技术和远程通信技术所进行的商务活动。它使供需双方借助因特网技术或各种商务网络平台，就能完成商务交易的过程，这些过程包括发布供求信息，订货及确认订货，支付过程及票据的签发、传送和接收，确定配送方案并监控配送过程等。电子商务是因特网爆炸式发展的直接产物，是网络技术应用的全新发展方向。因特网本身所具有的开放性、全球性、低成本、高效率的特点，也成为电子商务的内在特征，并使得电子商务大大超越了作为一种新的贸易形式所具有的价值，它不仅会改变企业本身的生产、经营和管理活动，而且将影响到整个社会的经济运行与结构。

在线测验

成果提交

成果提交

拓展提升

一、拓展任务

拓展任务

二、拓展训练

1. 在汽车配件销售过程中如何为客户推介产品？
2. 汽车配件产品的介绍要点有哪些？

任务 5-3　购销合同

任务引入

张华是永达汽配公司的一名销售人员。今天,她接待了一位客户,该客户是新宇汽修厂的采购人员,他要订购博世机滤 100 个,每个 35 元;博世制动液 DOT4 一升装 80 桶,每桶 45 元,共计价格 7 100 元。双方约定由永达汽配公司负责将订购的配件送达新宇汽修厂,运抵日期最晚为 2016 年 7 月 9 日。新宇汽修厂先预付 1 000 元,余款在收到货物后付清。因本次交易涉及的钱款数额较大,张华需跟新宇汽修厂的采购人员签订一份购销合同,如果您是张华,您将如何拟定这份合同文本?

双方签订合同后,永达汽配公司因经营管理问题,未能在合同约定时间交货,新宇汽修厂要求永达汽配公司支付违约金,永达汽配公司拒绝,双方发生争议,这时该如何解决?

任务描述

购销合同是汽车配件销售人员经常采用的一种合同形式。作为销售人员,在与客户签订购销合同时,应在合同文本上涉及哪些内容和注意事项呢?而双方产生纠纷,正确处理合同纠纷的途径有哪些呢?

学习目标

- 专业能力

(1) 能够拟定汽车配件购销合同。
(2) 掌握购销合同的内容与形式。
(3) 掌握合同纠纷的处理方式。

- 社会能力

(1) 树立服务意识、效率意识和规范意识。
(2) 强化人际沟通和客户关系维护能力。
(3) 树立爱岗敬业的职业道德和严谨务实勤快的工作作风。

- 方法能力

(1) 利用多种信息化平台进行自主学习的能力。
(2) 运用多方资源解决实际问题的能力。
(3) 自主学习与独立思维能力。

一、合同签订

汽车配件销售员常用的书面合同是购销合同，它是合同中的一种形式，是指供方（卖方）同需方（买方）根据协商一致的意见，由供方将一产品交付给需方，需方接收产品并按规定支付价款的协议。

购销合同（学习手册）

签订购销合同

（一）合同的定义与特征

合同是双方当事人之间为实现某特定目的而确定、变更、终止双方债权关系的协议。合同具有以下几个特征：

（1）订立合同的双方当事人法律地位平等。合同当事人无论是法人、其他组织还是公民，也无论其所有制和隶属关系如何，在订立合同时双方的法律地位都是平等的。合同当事人双方应平等地享受权利和承担义务。

（2）合同是当事人之间意思表示一致的结果。

（3）订立合同是一种法律行为。合同的内容必须是合法的，否则合同无效。

（4）合同具有法律效力。合同的法律效力主要体现在两个方面：一是合同一经成立，就受到国家法律保护，当事人必须履行；二是对于依法成立的合同，当事人任何一方不得擅自变更或解除，否则就要承担违约责任。

（二）购销合同的内容与形式

下面以吉林省通达汽车配件经销有限公司与哈尔滨顶新汽配销售公司签订的某购销合同为例，讲解购销合同的内容与格式。

【范例】

汽车配件购销合同

合同编号：201600016

甲方：吉林省通达汽车配件经销有限公司

乙方：哈尔滨顶新汽配销售公司

甲乙双方经过友好协商，本着自愿的原则，就甲方向乙方销售汽车零配件等事宜，订立如下合同条款：

一、自本合同签订之日起，甲方依据本合同第三条约定的规格及数量向乙方供应相关的汽车用品等（简称货物）。

二、甲方销售给乙方的货物应是原厂生产（乙方指定配件）。

三、货物规格及价格：

序号	品名	规格	数量	单价	总价/元
1	博世精装火花塞	FGR7DQI	200 套	450 元/套	￥90 000.00
2	ACE 轮毂	989	50 个	5 700 元/个	￥285 000.00
合计					￥375 500.00

合计人民币金额（大写）：叁拾柒万伍仟元整

四、质量要求和技术标准：参照 IBM 公司的相关产品技术标准。

五、接货单位（人）：哈尔滨顶新汽配销售公司。

甲方指定本合同项下货物的接货单位为：哈尔滨顶新汽配销售公司。

地址：哈尔滨市平房区晨曦路 8 号。

六、联系人：刘平；传真：0451-85560081；联系电话：0451-85560082。

七、交货时间及地点、方式及相关费用的承担。

1. 交货时间：2016 年 6 月 9 日。

2. 交货地点：哈尔滨市平房区晨曦路 8 号哈尔滨顶新汽配销售公司。

3. 运输费用：3 860.00 元，由乙方承担，现金支付。

八、合同总金额：RMB 378 860.00 元。

合同总金额为人民币：叁拾柒万捌仟捌佰陆拾元整

九、付款方式和付款期限。

交货当日内，乙方向甲方支付 RMB 200 000.00 元。如乙方在规定时间内对货物无异议，需在交货后第四日将余款 RMB 175 000.00 元一次性结算完毕。均采用支票结算。

十、货物的验收。

自产品交货后三日内，买方应依照双方在本合同中约定的质量要求和技术标准，对产品质量进行验收。验收不合格的，应向卖方提出书面异议，并在提出书面异议后三日内向甲方提供有关技术部门的检测报告。甲方应在接到异议及检测报告后及时进行修理或更换，直至验收合格。在产品交付后三日内，甲方未收到异议或虽收到异议但未在指定期限内收到检测报告的，视为产品通过验收。

十一、接收与异议。

采用代办铁路托运方式交货，乙方对产品、规格型号、数量有异议的，应自产品送到之日起五日内，以书面形式向甲方提出。

乙方因使用、保管、保养不善等造成产品质量下降的，不得提出异议。

上述拒收或异议属于甲方责任的，由甲方负责更换或补充。

十二、合同的生效和变更。

本合同自双方签字盖章时生效。在合同执行期内，甲乙双方均不得随意变更或解除合同。如一方确需变更合同，需经另一方书面同意，并就变更事项达成一致意见，方可变更。如若双方就变更事项不能达成一致意见，提议变更方仍应依本合同的约定，继续履行，否则视为违约。

十三、争议的解决。

因执行本合同发生争议，由争议双方协商解决，协商不成的，任何一方均可向本合同签订的管辖权的人民法院提起诉讼。

十四、其他。

按本合同规定应偿付违约金、赔偿金及各种经济损失，应当在明确责任后十五日内支付给对方，否则按逾期付款处理。

本合同一式两份，双方各执一份，具有同等法律效力。

甲方：吉林省通达汽车配件经销有限公司　　乙方：哈尔滨顶新汽配销售公司

授权代表：王明　　　　　　　　　　　　　授权代表：刘平

联系电话：0431-89945525　　　　　　　　联系电话：0451-85560082

签订日期：2016年4月20日　　　　　　　　签订日期：2016年4月20日

1. 购销合同的内容

一份完整的购销合同包含很多内容，从大的方面可以分为三个部分：开头、正文和结尾。

（1）合同开头。合同开头部分有合同的名称、合同的编号、合同双方企业或个人的名称和地址、签订的地点和签订的时间等内容。

（2）合同正文。合同正文部分有标的、货物数量条款、货物质量条款、货物价格条款、货物运输方式、支付条款、交货地点、检验条款、违约责任和解决争议的方法等内容。

（3）合同结尾。合同结尾部分有合同份数及生效日期、签订人的签名和购销双方的公司公章等内容。

二、合同纠纷的处理

购销业务中处理好索赔是一项重要工作。索赔一般有三种情况：购销双方之间贸易索赔、向承运人的运输索赔、向保险人的保险索赔。购销合同的终止与解除也要符合相关条件要求。

在处理索赔工作时，要注意责任划分、索赔期限和索赔依据等方面工作，当事人双方发生争议时，如果通过协商不能解决，可按照一般的仲裁程序到相应的受理机构提出仲裁申请。

仲裁程序的流程如图5-3-1所示。

经济仲裁的程序

图5-3-1　仲裁程序的流程

在线测验

 **成果提交**

成果提交

 **拓展提升**

一、拓展任务

拓展任务

二、拓展训练

1. 如何拟定汽车配件的购销合同？
2. 购销业务中怎样处理好索赔问题？

任务 5-4　配件交付

任务引入

客户马先生在顺兴汽车配件商店购买了一批一汽大众速腾的发动机配件。销售员小李在与客户确定货品后,为客户开具了销售发票,并交由客户。由于货款数额较大,客户提出采用支票结算的方式交款,并提出由该配件商店两日内送货到家,小李一一答应。收银员小张收取了客户的支票。

如果您是销售员小李,您将如何为客户开具销售发票?在办理送货手续时,您将准备哪些材料?如果您是收银员小张,您对收到的支票该如何处理?

任务描述

汽车配件交付的过程中,如何使用相关的财务票据,如何选择合理的货物交接方式,根据交接方式准备哪些相关的资料,都是本任务重点讲解的问题。

学习目标

- **专业能力**

(1) 能够根据汽车配件交接方式交货。

(2) 能够进行财务结算并开具发票。

(3) 能够掌握"汽配销售交接方式""配件收银管理""配件财务管理"等汽车配件交付的知识和技能点,能够熟练为客户提供高质量服务。

- **社会能力**

(1) 树立服务意识、效率意识和规范意识。

(2) 强化人际沟通和客户关系维护能力。

(3) 树立爱岗敬业的职业道德和严谨务实勤快的工作作风。

- **方法能力**

(1) 利用多种信息化平台进行自主学习的能力。

(2) 运用多方资源解决实际问题的能力。

(3) 自主学习与独立思维能力。

相关知识

一、汽车配件销售交接方式

汽车配件销售的交接方式主要有提货、送货和发货三种。

配件交付（学习手册）

（一）提货方式

由购货单位到供货单位仓库或指定地点提取商品，必须事先在购销双方所签的协议或购销合同中加以确定。目前，在同一城市各配件企业大多采用汽车运输方式进行提货。

（二）送货方式

送货方式与提货方式相对应，即由销货单位根据购销合同或协议规定，将商品运到购买单位所指定的地点或仓库点验交货的一种商品交接方式。

配件销售交接方式

（三）发货方式

由销货单位根据协议或交易合同规定，将商品委托运输部门运到购货单位所在地或指定地点的车站、码头，由购买单位提取的一种商品交接方式。

二、配件收银管理

（一）财务结算

财务结算按货币支付方式的不同，分为现金结算和转账结算。现金结算是购销双方直接使用现金进行财务结算；转账结算则是购销双方使用银行规定的票据和结算凭证，通过银行划账的方式进行财务结算。在配件经营企业，除小额配件销售采用现金结算以外，大多采用转账结算的方式。

（二）发票

发票是单位和个人在购销商品、提供或者接受服务以及从事其他经营活动中，开具、取得的收付款凭证。现行税制发票分为普通发票和增值税专用发票两大类。

普通发票是指增值税专用发票以外纳税人使用的其他发票。

增值税专用发票只有在增值税一般纳税人和税务机关为增值税小规模纳税人代开时使用。纳税人要从事正常的生产经营活动，一方面要向收款方索取发票；另一方面要向付款方开具发票。特别是增值税制实行凭票抵扣税款制度，发票已不仅仅是商事凭证，也是税款缴纳和抵扣的凭证。

1. 普通发票

普通发票有手填发票和机打发票两种。手填的普通发票的样式如图5-4-1所示。

手填发票的注意事项如下：

它使用范围比较广泛。它只开具交易数量和价格等内容，不开具税金。基本联次为三联：第一联为存根联，开票方留存备查；第二联为发票联，收执方作为付款原始凭证，填开后的发票联要加盖财务印章或发票专用章；第三联为记账联，开票方作为记账原始凭证。

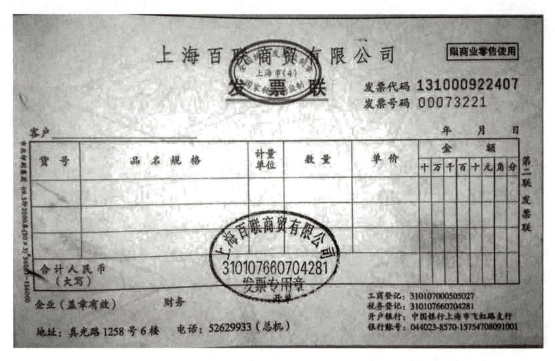

图 5-4-1 手填的普通发票样式

2. 增值税发票

增值税专用发票(见图 5-4-2)与日常经营过程中所使用的普通发票相比,有以下特点:

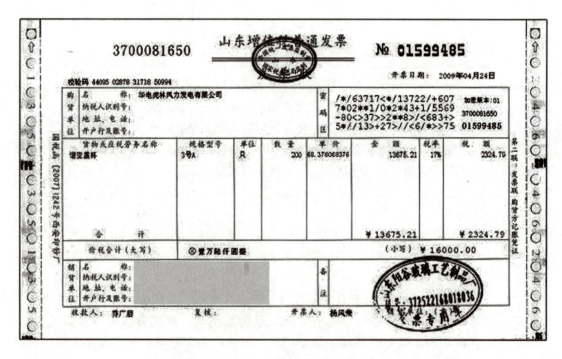

图 5-4-2 增值税专用发票样式

（1）发票使用的主体不同。增值税专用发票一般只能由增值税纳税人领购使用，小规模纳税人需要使用的，只能经税务机关批准后由当地的税务机关代开；普通发票则可以由从事经营活动并已办理税务登记的各种纳税人领购使用，来办理税务登记的纳税人也可以向税务机关申请领购使用普通发票。

（2）发票的内容不同。增值税专用发票除了具备购买单位、销售单位、商品或者服务的名称、商品或者劳务的数量和计量单位、单价和价款、开票单位、收款人、开票日期等普通发票所具备的内容外，还包括纳税人税务登记号、不含增值税金额、适用税率、应纳增值税额等内容；普通发票中则没有关于增值税方面的内容。

（3）发票的联次不同。增值税专用发票有四个基本联次，第一联为存根联（用于留存备查），第二联为发票联（用于购买方记账），第三联为抵扣联（用作购买方的扣税凭证），第四联为记账联（用于销售方记账）；普通发票则只有三联，第一联为存根联，第二联为发票联，第三联为记账联。

（4）发票的作用不同。增值税专用发票不仅是购销双方收付款的凭证，而且可以用作购买方扣除增值税的凭证。

三、配件财务管理

（一）相关财务术语

销售的最终成果得通过财务来体现。企业往往通过投资回报率、每股收益率等指标来评估销售成果。因此，销售人员必须对销售活动的财务指标进行评估，管理人员则更要善于通过财务指标来提交方案。常见的财务术语有成本、盈亏平衡点、利润目标、市场占有率、资本支出、相关成本、毛利率等。

财务术语

（二）销售管理中的财务运用

1. 维持良好的资金流

企业在销售产品的过程中一方面表现为产品流，另一方面又伴随着资金流。企业的销售活动中与资金流密切相关，销售管理人员必须正确规划资金流，从而提高资金使用效率。

2. 财务与销售

财务为销售服务，但它不依附于销售。有时，销售部门为了开拓市场，提高市场占有率，可能会在某种程度上不计成本，但财务人员需认真核算每笔业务的经营成本和最终成果。比如，客户在货款不足的情况下还想多提货时，销售人员出于与客户发展关系的目的可能会答应对方的要求，而财务人员则可能以"无欠款销售"等原则予以拒绝，财务和销售双方就会形成矛盾。为了解决这个矛盾，企业需制定客户欠款相关规定，并加强销售部门与其他职能部门之间的沟通。例如，财务部可以把客户的资信情况提供给销售人员，由销售人员出面，让客户写出具有法律效力的欠款证明，以在规定期限内收回货款，这样既能使客户满意，又能使销售业务不断发展。

在线测验

在线测验

 成果提交

成果提交

 拓展提升

一、拓展任务

拓展任务

二、拓展训练

1. 作为汽车配件销售公司的收银员，该如何进行相关财务票据的处理？
2. 进行配件交付前应做哪些准备？

项目六
汽车配件售后服务管理

售后服务是经营人员在配件售出，到达客户手中后，继续提供的各项服务。无论对于汽车配件经营企业还是对于客户，售后服务都是很重要的。汽车配件经营企业也大都认识到，汽车配件卖出不是销售的结束，而是占领市场的开始。本项目将从汽车配件索赔相关规定和汽车配件索赔处理程序两个任务展开。

任务 6-1　汽车配件索赔相关规定

任务引入

客户王先生的车买了三年，行驶了 5 万 km，最近在使用中发现侧窗玻璃偶尔出现不能正常升降的情况，于是王先生来到 4S 店要求进行索赔处理，李明是该店的配件索赔员，他接待了王先生。那么，王先生的这种情况是否在索赔范围内？是否符合索赔要求？如果符合索赔要求，对更换下的索赔件该如何处理？如果您是李明，该如何进行判断？

任务描述

索赔工作人员在日常的工作中，会经常面对客户要求索赔的情况，对此工作人员要根据政策规定进行认真判断，并且需要结合客户的车型保修政策判断是否在索赔范围内，之后再看损坏的配件是否符合索赔要求，并对更换下的索赔件进行处理。

学习目标

- 专业能力

（1）掌握汽车配件索赔处理法规的各项内容，能够判断是否符合索赔要求。

（2）掌握汽车配件索赔件管理的要求。

（3）了解汽车配件质量信息报告的填写要求。

- 社会能力

（1）树立服务意识、效率意识和规范意识。

（2）强化人际沟通和客户关系维护能力。

（3）树立爱岗敬业的职业道德和严谨务实勤快的工作作风。

- 方法能力

（1）利用多种信息化平台进行自主学习的能力。

（2）运用多方资源解决实际问题的能力。

（3）自主学习与独立思维能力。

 **相关知识**

销售人员在商品售出、到达消费者手中后,继续提供的各项服务称为售后服务。企业售后服务质量的好坏,直接影响到产品的市场占有率。

汽车配件索赔相关规定
(学习手册)

售后服务一般有三种情况:一是售出的商品质量有问题,客户要求退、换、修;二是顾客对商品如何使用不了解,要求提供咨询与使用指导;三是客户对商场的服务质量不满意,前来投诉。

汽车配件涉及的售后服务根据经销渠道分为两种:汽车配件商店和汽车特约服务站。汽车配件工作人员要认真、正确地对待客户的投诉,与客户建立和保持良好的互相信任的关系。

一、汽车配件索赔处理法规

(一)三包责任

《家用汽车产品修理、更换、退货责任规定》于 2012 年 6 月 27 日国家质量监督检验检疫总局局务会议审议通过,自 2013 年 10 月 1 日起开始施行。关于三包责任的具体规定如下:

(1)家用汽车产品包修期限不低于 3 年或者行驶里程 60 000 km,以先到者为准;家用汽车产品三包有效期限不低于 2 年或者行驶里程 50 000 km,以先到者为准。家用汽车产品包修期和三包有效期自销售者开具购车发票之日起计算。

(2)在家用汽车产品包修期内,家用汽车产品出现产品质量问题,消费者凭三包凭证由修理者免费修理(包括工时费和材料费)。

家用汽车产品自销售者开具购车发票之日起 60 日内或者行驶里程 3 000 km 之内(以先到者为准),发动机、变速器的主要零件出现产品质量问题的,消费者可以选择免费更换发动机、变速器。发动机、变速器的主要零件的种类范围由生产者明示在三包凭证上,其种类范围应当符合国家相关标准或规定,具体要求由国家质检总局另行规定。

家用汽车产品的易损耗零部件在其质量保证期内出现产品质量问题的,消费者可以选择免费更换易损耗零部件。易损耗零部件的种类范围及其质量保证期由生产者明示在三包凭证上。生产者明示的易损耗零部件的种类范围应当符合国家相关标准或规定,具体要求由国家质检总局另行规定。

(3)在家用汽车产品包修期内,因产品质量问题每次修理时间(包括等待修理备用件时间)超过 5 日的,应当为消费者提供备用车,或者给予合理的交通费用补偿。

修理时间自消费者与修理者确定修理之时起,至完成修理之时。一次修理占用时间不足 24 小时的,以 1 日计。

(4)在家用汽车产品三包有效期内,符合本规定更换、退货条件的,消费者凭三包凭证、购车发票等由销售者更换、退货。

家用汽车产品自销售者开具购车发票之日起 60 日内或者行驶里程 3 000 km 之内(以先到者为准),家用汽车产品出现转向系统失效、制动系统失效、车身开裂或燃油泄漏,消费者选择更换家用汽车产品或退货的,销售者应当负责免费更换或退货。

在家用汽车产品三包有效期内，发生下列情况之一，消费者选择更换或退货的，销售者应当负责更换或退货：

①因严重安全性能故障累计进行了2次修理，严重安全性能故障仍未排除或者又出现新的严重安全性能故障的。

②发动机、变速器累计更换2次后，或者发动机、变速器的同一主要零件因其质量问题，累计更换2次后，仍不能正常使用的，发动机、变速器与其主要零件更换次数不重复计算。

③转向系统、制动系统、悬架系统、前/后桥、车身的同一主要零件因其质量问题，累计更换2次后，仍不能正常使用的；转向系统、制动系统、悬架系统、前/后桥、车身的主要零件由生产者明示在三包凭证上，其种类范围应当符合国家相关标准或规定，具体要求由国家质检总局另行规定。

（5）在家用汽车产品三包有效期内，因产品质量问题修理时间累计超过35日的，或者因同一产品质量问题累计修理超过5次的，消费者可以凭三包凭证、购车发票，由销售者负责更换。

下列情形所占用的时间不计入前款规定的修理时间：

①需要根据车辆识别代号（VIN）等定制的防盗系统、全车线束等特殊零部件的运输时间，特殊零部件的种类范围由生产者明示在三包凭证上。

②外出救援路途所占用的时间。

（6）在家用汽车产品三包有效期内，符合更换条件的，销售者应当及时向消费者更换新的合格的同品牌同型号家用汽车产品；无同品牌同型号家用汽车产品更换的，销售者应当及时向消费者更换不低于原车配置的家用汽车产品。

（7）在家用汽车产品三包有效期内，符合更换条件，销售者无同品牌同型号家用汽车产品，也无不低于原车配置的家用汽车产品向消费者更换的，消费者可以选择退货，销售者应当负责为消费者退货。

（8）在家用汽车产品三包有效期内，符合更换条件的，销售者应当自消费者要求换货之日起15个工作日内向消费者出具更换家用汽车产品证明。在家用汽车产品三包有效期内，符合退货条件的，销售者应当自消费者要求退货之日起15个工作日内向消费者出具退车证明，并负责为消费者按发票价格一次性退清货款。家用汽车产品更换或退货的应当按照有关法律法规规定办理车辆登记等相关手续。

（9）按照本规定更换或者退货的，消费者应当支付因使用家用汽车产品所产生的合理使用补偿，销售者依照本规定应当免费更换、退货的除外。

合理使用补偿费用的计算公式为：[（车价款（元）×行驶里程（km））/1 000]×n。使用补偿系数n由生产者根据家用汽车产品使用时间、使用状况等因素在0.5%~0.8%确定，并在三包凭证中明示。

家用汽车产品更换或者退货的，发生的税费按照国家有关规定执行。

（10）在家用汽车产品三包有效期内，消费者书面要求更换、退货的，销售者应当自收到消费者书面要求更换、退货之日起10个工作日内，做出书面答复。逾期未答复或者未按本规定负责更换、退货的，视为故意拖延或者无正当理由拒绝。

（11）消费者遗失家用汽车产品三包凭证的，销售者、生产者应当在接到消费者申请后

10个工作日内予以补办。消费者向销售者、生产者申请补办三包凭证后，可以依照本规定继续享有相应权利。

按照本规定更换家用汽车产品后，销售者、生产者应当向消费者提供新的三包凭证，家用汽车产品包修期和三包有效期自更换之日起重新计算。

在家用汽车产品包修期和三包有效期内发生家用汽车产品所有权转移的，三包凭证应当随车转移，三包责任不因汽车所有权转移而改变。

（12）经营者破产、合并、分立、变更的，其三包责任按照有关法律法规规定执行。

（二）家用汽车产品三包主要零件种类范围

1. 主要总成和系统的主要零件种类范围

（1）发动机、变速器总成的主要零件种类范围。发动机、变速器的主要零件由生产者明示在三包凭证上，其种类范围应至少包括表6-1-1所列出的内容。

表6-1-1 发动机和变速器的主要零件种类范围

总成	主要零件种类范围
发动机	曲轴、主轴承、连杆、连杆轴承、活塞、活塞环、活塞销
	气缸盖
	凸轮轴、气门
	气缸体
变速器	箱体
	齿轮、轴类、轴承、箱内动力传动元件（含离合器、制动器）

（2）汽车系统的主要零件种类范围。转向系统、制动系统、悬架系统、前/后桥、车身等系统的主要零件由生产者明示在三包凭证上，其种类范围应至少包括表6-1-2所列出的内容。

表6-1-2 汽车系统的主要零件种类范围

汽车系统	主要零件种类范围
转向系统	转向机总成
	转向柱、转向万向节
	转向拉杆（不含球头）
	转向节
制动系统	制动主缸
	轮缸
	助力器
	制动踏板及其支架
悬架系统	弹簧（螺旋弹簧、扭杆弹簧、钢板弹簧、空气弹簧、液压弹簧等）
	控制臂、连杆

续表

汽车系统	主要零件种类范围
前/后桥	桥壳
	主减速器、差速器
	传动轴、半轴
车身	车身骨架
	副车架
	纵梁、横梁
	前后车门本体

2. 易损耗零部件范围

易损耗零部件的种类范围及其质量保证期由生产者明示在三包凭证上。生产者明示易损耗零部件的种类范围不应超出表6-1-3所列出的范围。

表6-1-3 易损耗零部件的种类范围

序号	种类范围
1	空气滤清器
2	空调滤清器
3	机油滤清器
4	燃油滤清器
5	火花塞
6	制动衬片
7	离合器片
8	轮胎
9	蓄电池
10	遥控器电池
11	灯泡
12	刮水器刮片
13	熔断丝及普通继电器（不含集成控制单元）

3. 特殊零部件范围

汽车产品中需要根据车辆识别代号等制定的特殊零部件，包括防盗系统和全车主线束。其中，防盗系统不应超出点火锁芯、钥匙、防盗控制单元。

4. 三包凭证

三包凭证包括正反两面，其中正面应至少包括产品信息、生产者信息、销售者信息、三包条款等；背面应列出其他汽车三包相关信息。

其他汽车三包相关信息主要包括：

(1) 主要总成和系统的主要零件种类范围。
(2) 易损耗零部件的种类范围和质量保证期。
(3) 退换车的使用补偿系数及计算公式。
(4) 需要根据车辆识别代号等定制的特殊零部件信息。
生产者可根据修理者的网点分布、数量等情况，将修理者信息另附资料予以列出。

（三）付费配件索赔

付费配件索赔是指用户自行付费且在服务站更换的零部件或总成，在保修索赔范围内出现质量故障的情况下，服务站有责任提供的配件索赔。提出这类配件索赔时，必须在索赔申请表后附带购件发票的复印件。换件修复后还需要在更换配件的付费发票备注栏内，如实写明当时车辆已经行驶的公里数。

（四）特殊零部件保修索赔期的规定

【案例】

一些"老"车主对于车辆的质量保修期（简称质保期）的认识，仅限于"几年或几万公里质保"的概念上，对于保修手册中易损件这一细则却浑然不知。其爱车的雨刮片坏了，去4S店维修后却被告知："雨刮器属于易损件，已过保修期，需要自己掏钱维修。"闻后，多少有点惊讶，明明新车保修期是"3年或10万公里"啊，为什么这类零件要排除在外？

【分析】

一般来说，易损件主要包括离合器片、刹车片、刹车盘、轮胎、全窗玻璃、灯泡、雨刮片、熔断丝、蓄电池和内饰件等，还有一些消耗件，如火花塞、机油滤清器和汽油滤清器等。而易损件的质保期要比整车质保期短，并且不同品牌的保修手册对易损件的定义是有所差别的。所以用户在使用中要多留心自己配件的质保期。

特殊零部件保修索赔期按照特殊零部件质量担保期执行，因为一般易损件、小零件的损坏比较难界定，如玻璃、灯泡、雨刮片、刹车片等，通常很难断定是由于车主使用不当，还是产品质量问题而导致的损坏。因此，厂家一般不承担质量担保责任或采取缩短保修时间的政策。车辆上的易损件的保修期是远短于整车质保期的，不同品牌对易损件质保期的规定有所不同，就算同一品牌的不同易损件其质保期也不尽相同，从最短的7天到1年或从1 000 km到20 000 km不等。以某品牌易损件质量担保规定为例，如表6-1-4所示。

表6-1-4　易损件质量担保规定

序号	名称	担保周期
1	雨刮片	3个月/5 000 km
2	整车灯泡	3个月/5 000 km
3	遥控器电池	6个月/10 000 km
4	喇叭	1年/20 000 km
5	蓄电池	1年/20 000 km

（五）不属于保修索赔的范围

（1）汽车制造厂特许经销商处购买的每一辆汽车都随车配有一本保修保养手册。该保修保养手册必须盖有该车的特许经销商的印章，购车客户签名后方可生效。不具有该保修保养手册，保修保养手册上印章不全或发现擅自涂改保修保养手册情况的，汽车特约服务站有权拒绝客户的保修索赔申请。

不属于保修索赔的范围

（2）车辆正常例行保养和车辆正常使用中的损耗件不属于保修索赔范围，例如，润滑油、机油和各类滤清器；火花塞；刹车片、离合器片；灯泡；轮胎。

（3）因不正常保养造成的车辆故障不属于保修索赔范围。汽车制造厂的每一位用户应该根据《保修保养手册》上规定的保养规范，按时到汽车特约服务站对车辆进行保养。如果车辆因缺少保养或未按规定的保养项目进行保养而造成的车辆故障，不属于保修索赔范围。如未按规定更换变速器油，而造成变速器故障，特约服务站有权拒绝用户的索赔申请。同时汽车特约服务站有义务在为用户每次做完保养后记录保养情况并盖章，并提醒用户下次保养的时间和内容。

（4）车辆安装的未经汽车制造厂售后服务部门许可的配件不属于保修索赔范围。

（5）用户私自拆卸更换里程表，或更改里程表读数的车辆（不包括汽车特约服务站对车辆故障诊断维修的正常操作）不属于保修索赔范围。

（6）因为环境、自然灾害、意外事件造成的车辆故障不属于保修索赔范围。

（7）因用户使用不当，滥用车辆或未经汽车制造厂售后服务部门许可改装车辆而引起的车辆故障不属于保修索赔范围。

（8）间接损失不属于保修索赔范围。因车辆故障引起的经济、时间损失不属于保修索赔范围。

（9）由于特约服务站操作不当造成的损坏不在保修索赔范围。同时，特约服务站应当承担责任并进行修复。

（10）在保修索赔期内，用户车辆出现故障后未经汽车制造厂（或汽车特约服务站）同意继续使用而造成进一步损坏，汽车制造厂只对原有故障损失（须证实属产品质量问题）负责，其余损失责任由用户承担。

二、汽车配件索赔件管理

（一）索赔件管理规定

索赔件管理规定

（1）被更换下来的索赔件的所有权归汽车制造厂所有，各特约服务站必须在规定时间内按指定的方式将其运回汽车制造厂索赔管理部。

（2）更换下来的索赔件应挂上"索赔件悬挂标签"，保证粘贴牢固并按规定填写好该标签。零件故障处需详细填写，相关故障代码和故障数据也需填写完整。索赔件悬挂标签由汽车制造厂索赔管理部统一印制，特约服务站可以向索赔管理部申请。

（3）故障件的缺陷、破损部位一定要用红色或黑色不易脱落的颜料或记号笔做出明显标记。

（4）应尽可能保持索赔件拆卸后的原始故障状态，一些规定不可分解的零件不可擅自分解，否则将视作该零件的故障为拆卸不当所致，不予索赔。

（5）旧机油、变速箱油、刹车油、转向机用油、润滑油脂、冷却液等不便运输的索赔件无特殊要求不必运回，按当地有关部门规定自行处理。

（6）在规定时间内将索赔件运回。回运前，索赔员需要填写索赔件回运清单，注明各索赔件的装箱编号。索赔件必须统一装箱，箱子外部按规定贴上索赔件回运装箱单，并把箱子封装牢固。

（7）汽车制造厂索赔管理部检验回运的索赔件后，对存在问题的索赔申请将返回或取消。

（8）被取消索赔申请的旧件，各特约服务站有权索回，但需承担相应运输费用。

（二）索赔件悬挂标签的粘贴与悬挂要求

索赔件标签粘贴要求

索赔件标签悬挂要求

（1）应在悬挂标签上如实填写所有内容，保证字迹清晰和不易褪色。标签不能粘贴在索赔件的外包装盒上，同时不能粘贴在有文字、数字、字母和图形处，标签不能折叠或弯曲粘在索赔件上，如图6-1-1所示。

图6-1-1　索赔件标签粘贴方式

（2）如果遇到特殊索赔，在悬挂标签备注栏内一定要填写授权号。

（3）所有标签应由索赔员填写并加盖专用章。

（4）保证一物一签，物和签要对应。

（5）悬挂标签需要固定牢固。若无法悬挂，则用透明胶布将标签牢固粘贴在索赔件上，同时保证标签正面朝外，如图6-1-2所示。

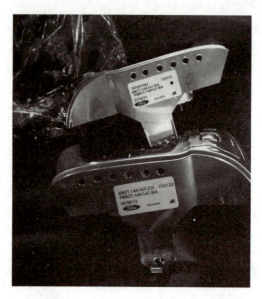

图 6-1-2 索赔件标签粘贴

（三）索赔件的清洁和装运要求

（1）发动机、变速器、转向机、制动液罐等内部的油液全部放干净，外表保持清洁。

（2）更换下来的索赔件必须统一装箱，即相同索赔件集中装于同一包装箱内，每个包装箱外牢固贴上该箱索赔件的索赔件回运装箱单，注明装箱号与索赔件的零件号、零件名称和零件数量，并在规定时间内由物流公司返运到汽车制造厂索赔管理部。

（3）各个装箱清单上的索赔件种类和数量之和必须与索赔件回运清单上汇总的完全一致。

（4）索赔件回运清单一式三联，经物流公司承运人签收后，第一联由特约服务站保存，第二联由物流公司保存，第三联由物流公司承运人交索赔管理部。

三、汽车配件质量信息报告

故障报告是配件厂方获得使用质量信息的最重要来源，在技术上比起索赔申请报告更能准确地反映情况，并且信息反馈速度快，通过维修站获取质量反馈信息是最为简便、快捷的方法。分析和总结反馈信息将有助于供货厂家对产品设计做出更改或是在售后服务领域内采用新的故障解决方法。

质量情况反馈规定

所有的质量问题均应填写故障报告，并在规定时间内与供货厂家联系。如××汽车厂要求故障报告直接寄往××汽车厂售后服务科，每星期至少一次，以尽量避免时间上的浪费。准确、及时的故障报告信息也是向各维修站发放"技术信息"的信息来源和基础。

（一）重大故障报告

各特约服务站在日常工作中如遇重大车辆故障，必须及时、准确、详尽地填写重大故障报告单，如表 6-1-5 所示，立即传真至汽车制造厂索赔管理部，以便汽车制造厂各部门能及时做出反应。重大故障包括：影响车辆正常行驶的，如动力系统、转向系统、制动系统的故障；影响乘客安全的，如主被动安全系统故障、轮胎问题、车门锁止故障等；影响环保的故障，如排放超标、油液污染等。

表6-1-5 重大质量问题反馈报告

经销商代码：758□□□□						
经销商联系人：		联系人：		服务传真：		
用户单位				用户姓名		
地址						
车型		底盘号		发动机号		
领证日期		里程数		变速器号		
故障现象						
故障分析结果（必要时提供有关数据、图片及照片）：						
用户态度及要求：						
经销商处理建议： 鉴定人： 站长： 日期： 站章：						
现场代表处理意见： 处理人： 日期：						
服务科经理意见： 经理： 日期：						
是否要求经销商立即运返该索赔件： 是：□ 否：□ 日期：						
经销商传真售后服务科 日期： 年 月 日 售后服务科回传服务站 日期： 年 月 日 售后服务科回传负责人：						

（二）常见故障报告和常见故障避除意见

【案例】

轮胎作为汽车的重要部件之一，质量到底怎么样，一直是我们比较关心和关注的问题。从中国汽车质量网上获取的一份2014年轮胎质量的投诉报告，显示该年投诉总量为762宗，平均投诉率为48%，数据还表示至少发生过一次车主投诉的轮胎品牌有16款，基本涵盖了目前市场上的主流轮胎厂商。其中比较突出的是固特异轮胎，由于起皮等问题的集中性投诉抱怨，接到的投诉数量就高达442宗，占所有轮胎品牌投诉总数的58%，这也拉高了轮胎品牌的整体投诉数量。

从服务态度上看，针对轮胎起皮问题的投诉，固特异基本都及时回复，并致电车主告知鉴定流程，沟通4S店协助跟进，而针对一些问题责任明显的轮胎，固特异也会直接为车主更换轮胎。

【分析】

与鼓包等问题不同，轮胎起皮一般需要车主仔细观察才能发现，而投诉平台数据显示，当某款热门车型出现起皮等问题投诉后，往往会引发同款车型的其他车主去专门检查，进而比较容易出现后期扎堆投诉现象，固特异的起皮问题就是其中一个典型例子。

各特约服务站应坚持每月月底对当月进厂维护的所有车辆产生的各种故障进行汇总，统计出发生频率最高的10项故障点或故障零件，并对其故障原因进行分析，提出相应的故障避除意见。各站需在每月月初向汽车制造厂索赔管理部提交上月的常见故障反馈报告（见表6-1-6）和常见故障避除意见。

表6-1-6 常见故障反馈报告

经销商名称：			经销商代码：758□□□□	
故障件名称			车型	
制造厂代码及数量	制造厂代码（1）		数量	
	制造厂代码（2）		数量	
	制造厂代码（3）		数量	
故障大量出现起始时间				
发生故障平均行驶里程				
用户状况百分率/%	公车			
	出租车			
	私车			
故障描述：				
			报告人：	
			报告日期：	
经销商联系人： 联系电话： 联系传真：			经销商站章：	
注：本报告记录集中批量出现大的质量问题，服务站将该报告以传真发出后，需即刻将索赔件寄往售后服务科，并注以特殊说明。				

（三）用户质量信息反馈表

各特约服务站在用户进站维修、电话跟踪等与用户交流过程中，应积极听取用户对汽车制造厂的意见，并做相应记录。意见包括某处使用不便、某处结构不合理、某零件使用寿命过短、可以添加某些配备、某处不够美观等。各站需以季度为周期，在每季度末提交用户质量信息反馈表，如表6-1-7所示。

表6-1-7　用户质量信息反馈表

经销商代码		年　月　日　第　号	
经销商名称		联系人	
联系人电话		联系人传真	
对方联系人或部门			
主题			
反馈的信息内容 经销商印章： 领导签字：			

为了尽快找出损坏的原因，填写故障报告时，作为证明应将损坏件保存起来。

在质量担保期内，如果车辆的零部件确实出现质量问题，厂家特约服务站一般会给予索赔，所以，用户一旦在索赔问题上与特约服务站出现分歧，应该冷静地协商解决。汽车制造厂商均有热线服务电话，用户可以拨打这些电话如实地说明情况，一般会得到满意的答复。

如果通过上述途径问题仍得不到解决，用户可以到当地消费者协会投诉，请消费者协会出面进行协调。若消费者协会不能使纠纷双方达成调解协议，那么用户可向当地的法院提起诉讼。

在线测验

在线测验

成果提交

成果提交

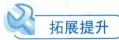

拓展提升

一、拓展任务

拓展任务

二、拓展训练

1. 索赔件的处理规定是什么？
2. 汽车配件所有的质量问题均应填写故障报告，具体如何处理？

项目六
汽车配件售后服务管理

任务 6-2　汽车配件索赔处理程序

任务引入

张先生的车大灯灯泡不亮了,他希望能够进行索赔。索赔员李明接待了张先生,经过李明的核实,发现该配件已经超过质保期,不符合索赔条件。这种情况该如何处理?如果您是李明,请设计一下索赔流程。

任务描述

在进行索赔的工作过程中,会出现符合索赔要求和不符合索赔要求的情况。对于不同的情况我们进行索赔时的流程是有区别的。所以,在进行配件的售后服务工作中要根据索赔要求的情况进行相应的索赔流程处理。

学习目标

- 专业能力

(1) 掌握汽车特约服务站配件索赔流程。
(2) 掌握汽车配件索赔申请单的填写。

- 社会能力

(1) 树立服务意识、效率意识和规范意识。
(2) 强化人际沟通和客户关系维护能力。
(3) 树立爱岗敬业的职业道德和严谨务实勤快的工作作风。

- 方法能力

(1) 利用多种信息化平台进行自主学习的能力。
(2) 运用多方资源解决实际问题的能力。
(3) 自主学习与独立思维能力。

相关知识

一、汽车配件索赔工作流程

（一）汽车特约服务站配件索赔规定

汽车制造厂家对其所属汽车特约服务站的配件索赔管理规定有

汽车配件索赔处理程序
（学习手册）

下列几种情况：

（1）因配件价格错误产生的索赔，与配件分部销售人员联系。

（2）配件索赔一般应有配件分部配件索赔申请单、照片、运输商提供的货损证明等，才能办理配件索赔。

（3）配件索赔件在未得到要求发回或销毁前，一律放在配件仓库索赔区的货架上，并应有明显的索赔件标签。

（二）汽车特约服务站配件索赔流程

汽车特约服务站在接受用户的保修索赔要求时，遵照以下工作流程进行，如图6－2－1所示。

汽车特约服务站配件索赔流程

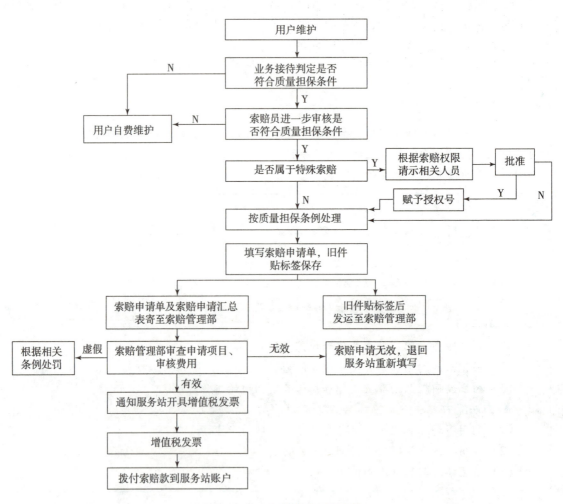

图6－2－1　保修索赔工作流程

（1）用户到特约服务站报修。

（2）业务员根据用户报修情况、车辆状况及车辆维护记录，预审用户的报修内容是否符合保修索赔条件（特别要检查里程表的工作状态），如不符合，请由用户自行付费修理。

（3）将初步符合保修索赔条件的车辆送至保修工位，索赔员协同维修技师确认故障点及引起故障的原因，并制定相应的维修方案和审核是否符合保修索赔条件。如不符合保修索赔条件，则通知业务员，请用户自行付费修理。

（4）索赔员在确认用户车辆符合保修索赔条件后，根据情况登记车辆相关数据，为用户分类提交索赔申请。特殊索赔需事先经汽车制造厂索赔管理部审批通过，然后及时给予用户车辆保修赔偿。

（5）保修结束后，在索赔件上挂上"索赔件悬挂标签"，送入索赔旧件仓库统一保管。

（6）索赔员每天要统计当天的索赔申请，填写索赔申请表。

（7）每月一次在规定时间内向汽车制造厂索赔管理部提交索赔申请表。

（8）索赔员每月一次在规定时间内，按规定包装索赔件并由第三方物流负责运回汽车制造厂索赔管理部。

（9）经汽车制造厂索赔管理部初步审核不符合条件的索赔申请将予以返回，索赔员根据返回原因立即修改，下次提交索赔申请时一起提交，以待再次审核。

（10）汽车制造厂索赔管理部对符合条件的索赔申请审核完成后，将索赔申请结算单返给各特约服务站，特约服务站根据结算单金额向汽车制造厂索赔管理部进行结算。

二、汽车配件索赔申请单及填写

需要申请索赔的质量保修项目，必须填写索赔申请单。若公司要求传真给市场开发部售后服务分部，则待批准后实施。一般情况下，公司应尽快给予答复，对于重大质量故障问题，最迟在收到配件保修鉴定单后两个工作日内给予答复。

索赔申请单填写

1. 配件索赔申请单的填写要求

（1）配件索赔申请单由经销商配件计划员填写，要完整、清晰、真实，否则公司配件部概不受理，后果由经销商自负。

（2）配件索赔申请单应附有简要说明和必要照片，经销商领导签字并加盖公章，经公司配件部有关人员核实无误、配件科科长签字后方可生效，予以索赔。

2. 配件索赔申请单样式

以一汽大众索赔申请单为例，如图6-2-2所示。

一汽大众特约服务站编号共7位数，由售后服务部提供。其中一汽大众编号前3位为数字，758就表示一汽大众；地区编号为2位数字，在第4位、第5位；服务站编号为2位数字，在第6位、第7位。

索赔申请单编号共6位数，前2位表示年份，后4位表示序号。

任务委托书号共13位数，前2位是修理类别，在修理类别中0表示首保，1为索赔，2为保养，3为小修，4为大修，5表示事故车，6表示返工；后11位表示年、月和流水号。

索赔类别由索赔件的来源决定，凡是超出一年发生的进口件索赔，索赔类别均为"S"，厂家代码填写CAP。

图 6-2-2　索赔申请单

引导数据，第 1 位数表示保用车型；第 2 位数表示记账形式；第 3 位数表示保用内容；第 4 位数表示合同方式。

型号，共 6 位。第 1 位、第 2 位表示车型，第 3 位表示车身，第 4 位表示装备，第 5 位表示发动机，第 6 位表示传动器。

RA 标记共一位，表示修理种类，对损坏部件进行修复填 1，对损坏部件进行更换填 2。

车辆类别：共一位，表示车辆用途。字母 T 表示出租车，W 表示商品车，B 表示公务用车，P 表示私人用车。

售出日期以购车发票为准，按日、月、年份顺序填写各两位。

损坏编号共 10 位，其中故障代码是第 1~4 位，故障类别是第 5~7 位，制造厂代码是第 8~10 位。

在线测验

在线测验

成果提交

成果提交

 **拓展提升**

一、拓展任务

拓展任务

二、拓展训练

1. 面对客户的索赔要求，如何完成索赔流程，并正确填写索赔申请单？
2. 汽车制造厂家对其所属汽车特约服务站的配件索赔管理规定是什么？

项目七
汽车配件营销策略

随着市场经济的全球化发展，汽车零部件销售厂商面临着越来越严峻的挑战。目前中国汽车配件市场不规范，汽车配件采购难，配件以次充优，配件信息出现严重的不对称问题。因此，汽车配件营销是汽车配件企业提高销售，抢占市场的重要手段。本项目将从汽车配件产品策略、汽车配件价格策略、汽车配件分销渠道和汽车配件促销策略四个任务展开。

任务 7-1 汽车配件产品策略

任务引入

升迪汽车配件制造厂刚推出一款新的配件产品，厂长孙军为了迅速打开并扩大市场，该如何制定合理的配件产品策略呢？

任务描述

任何一款汽车配件产品都需要合理的汽车产品策略，又因其各自的特点以及所处的环境不同，采取措施就各不相同，对于一款新的汽车配件产品，应仔细分析其产品的独特之处，才能制定出合理的产品策略来扩大销售，从而为企业带来效益。

学习目标

- 专业能力

（1）能够理解品牌及商标策略。

（2）能够掌握"汽车配件产品组合策略""汽车配件产品生命周期及营销策略"等汽车配件产品策略知识和技能点，并能够熟练运用。

- 社会能力

（1）树立服务意识、效率意识和规范意识。

（2）强化人际沟通和客户关系维护能力。

（3）树立爱岗敬业的职业道德和严谨务实勤快的工作作风。

- 方法能力

（1）利用多种信息化平台进行自主学习的能力。

（2）运用多方资源解决实际问题的能力。

（3）自主学习与独立思维能力。

相关知识

一、产品组合策略

（一）汽车配件产品

产品是市场营销的物质基础，也是整个市场营销策略的基础。

汽车配件产品策略
（学习手册）

对于汽车配件产品而言，用户需要的是汽车能够满足自己运输或交通的需要，以及满足自己心理和精神上的需要，如身份、地位、富贵、舒适等。尤其是那些轿车用户更是如此。此外，汽车产品的用户还希望生产厂家能够提供优质的售后服务，如配件充裕、维修网点多、上门服务、"三包"（即包修、包退、包换）等。

由此可见，现代市场营销产品的概念，是一个包含多层次内容的整体概念，而不单指某种具体的、有形的东西。

1. 产品的概念

一般来说，汽车配件产品分为5个层次，即核心产品、形式产品、期望产品、延伸产品和潜在产品，如图7-1-1所示。

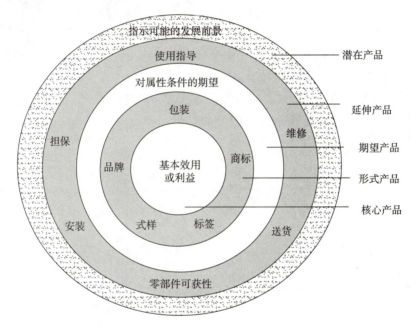

图7-1-1 汽车配件产品整体概念层次图

（1）核心产品。核心产品是指向用户提供产品的基本效用或利益。例如，客户购买防冻液不是为了获取一瓶液体，而是为了让它在车上实现防冻、防锈、防沸腾和防水垢的功能。

（2）形式产品。形式产品是指核心产品借以实现的形式，或目标客户对某一需求的特定满足形式。形式产品由五个特征所构成，即品牌、式样、标签、商标及包装。例如，进口汽车配件一般都有外包装和内包装。外包装有包装箱、包装盒；内包装一般是带标识的包装纸、塑料袋或纸袋（见图7-1-2）。纯正进口配件外包装箱（盒）上都贴有厂家统一标签，印刷清晰，纸质优良，并印有 GENUINE PARTS（纯正部品）标记，且标有零件编号、名称、数量及生产厂和国

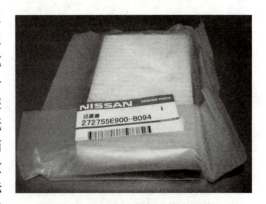

图7-1-2 进口汽车配件内包装

家，这就属于一种形式产品。

（3）期望产品。期望产品是指用户购买该产品时期望得到的与产品密切相关的一整套属性和条件。例如，消费者购买原厂件是因为它具有更可靠的品质以及附带的零件保修政策，可以确保车主无后顾之忧，这就属于期望产品。

（4）延伸产品。延伸产品是指用户购买形式产品和期望产品时，附带获得的各种利益的总和，如汽车配件产品的质量担保、安装、维修等。

（5）潜在产品。潜在产品是指现有产品包括所有附带产品在内的、可能发展成为最终产品的潜在状态产品。潜在产品指出了现有产品可能的演变趋势和前景。例如，纳米材料与技术在润滑油领域的应用，为降低摩擦、减少或避免磨损提供了广阔的发展前景。

产品整体概念的五个层次，十分清晰地体现了以用户为中心的现代营销理念。这一概念的内涵和外延都以消费者的需求为标准。

汽车配件产品生命周期及营销策略

2. 汽车配件产品生命周期及营销策略

汽车配件产品的生命周期是指汽车配件产品从完成试制，投放到市场，直到最后被淘汰退出市场为止的全部过程，如图7-1-3所示。

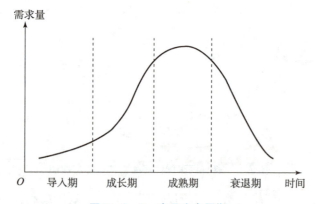

图7-1-3 产品生命周期

产品生命周期分为四个过程：市场导入期、市场成长期、市场成熟期和市场衰退期。产品在不同时期有不同的营销策略。

（二）汽车配件产品组合策略

一个汽车配件企业可能生产或经营多种产品。这些产品在市场的相对地位以及对企业的贡献大小不同。企业要在竞争激烈的市场上取得优势，就必须依照消费者的需求和自身实力对安排生产和营销哪些产品以及如何组合进行策划与决策，这就有个产品组合的概念。

产品组合是指一个企业所生产销售的全部产品的结构，包括所有产品线和产品项目的组合，如图7-1-4所示。

产品线是指密切相关的一组产品，这些产品具有相同的使用功能，售予同类顾客群，满足消费者类似的需求，只是在规格、型号上有所不同。例如，万向集团向市场提供万向节、

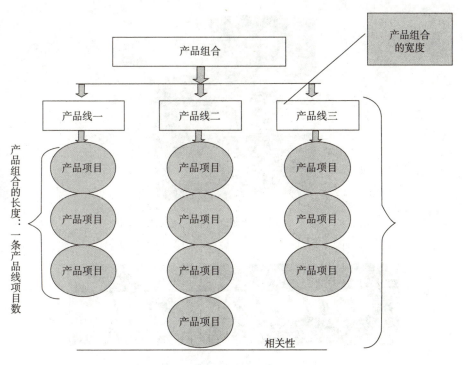

图 7-1-4 产品组合关系

轴承、等速驱动轴、传动轴、制动器、减震器、滚动体、橡胶密封件 8 类产品，形成了 8 条产品线。产品线由产品项目组成。一般每一条产品线有专门的管理人员进行管理。

产品项目是每条产品线中具体的规格、型号、款式、质量的产品，是产品目录中列出的每一个明确的产品单位。

汽车配件企业可以通过变化产品组合的宽度，增加产品组合的深度、长度等来增强企业的竞争能力，这就是产品组合策略的研究。

二、品牌及商标策略

（一）品牌的含义

美国市场营销协会定义：品牌是用以识别一个或一群出售之产品，并与其他竞争者相区别的名称、名词、符号和设计，或者以上四种之组合。品牌是一个集合的概念，由品牌名称和品牌标志两部分组成。

1. 品牌名称

品牌中可以发出声音的部分，如河南省中原内配股份有限公司生产的"河阳牌"气缸套被认定为"中国驰名商标"，"河阳牌"即品牌名称。

2. 品牌标志

品牌中不能发出声音，但可以辨认的部分，通常是一些符号、图案、颜色和字体等。如世界知名润滑油品牌壳牌的品牌标志是一枚扇贝壳（见图 7-1-5），而世界知名轮胎品牌固特异的品牌标志是"飞足"（见图 7-1-6），它们的品牌标志简洁明了，令消费者易于识别，记忆深刻，很容易把它与同类商品区分开。

图 7-1-5 壳牌润滑油品牌标志

图 7-1-6 固特异轮胎品牌标志

2. 商标和品牌的联系与区别

品牌中的某些部分或全部在国家工商行政管理总局商标局注册登记后，即商标。如果说汽车配件品牌可以由企业随意制定，那么商标则是一个法律概念，是国家对汽车配件品牌和产品质量认可的证明。因此，商标与品牌在形式上没有区别，只不过商标受法律保护，而品牌没有。

（二）品牌实施策略

1. 品牌使用者策略

品牌使用者策略是指企业决定在产品上使用制造商品牌或是中间商品牌。

1）制造商品牌

汽车配件制造商生产的产品使用自己的品牌称为制造商品牌。传统上的品牌都属于这种策略，由制造商自己生产产品、设计品牌。此策略有利于促进新产品上市，当品牌有了一定知名度后，销售商也会乐意推销制造商品牌的产品。例如，博世（BOSCH）就是汽车相关领域非常著名的一个零配件生产制造商，在任何一款车上，不管是售价数千万的帕加尼，还是数万元的奇瑞和吉利，在发动机舱内都能很容易找到博世品牌零部件的身影。博世的产品涉及很多，主要有刹车系统、各种汽车滤芯、柴油喷射系统、照明产品、汽车蓄电池、起动机、发电机、传动带、喇叭、火花塞、雨刷、氧传感器、燃油泵、点火线圈、空气流量计、雨刷、行车电脑和汽车诊断系统等。图 7-1-7 和图 7-1-8 所示为博世产品在汽车上的应用。

2）中间商品牌

配件产品的销售商使用的品牌称为中间商品牌。中间商使用自己的品牌有利于增强与制

图 7-1-7 博世的 ESP 车身稳定系统

图 7-1-8 博世火花塞

造商的砍价能力，在同类的经销商中赢得消费者的信任，形成销售商自己的品牌知名度和顾客忠诚度。汽车配件业中的 AEC "车路饰"、蓝霸、黄帽子等都属于连锁配件中间商品牌。

2. 家族品牌策略

如果汽车配件企业除要决定其产品使用自己的品牌外，还要进一步决定其产品使用统一的品牌还是不同的品牌，这就是家族品牌策略。

1）统一品牌策略

统一品牌策略指汽车配件企业所生产的所有产品采用同样的品牌，其也称为单一品牌策略，这种品牌策略可以大大节约推销费用，从广告宣传的角度看，企业生产的所有配件均使用同一品牌，不但可以提高该品牌的展露度和出镜率，从而使企业的知名度和美誉度得以提高，而且可以借助该品牌的信誉和形象来提携新开发的产品。

2）个别品牌策略

所谓个别品牌策略即多品牌策略，是指以不同的品牌，分别表示不同的产品。这样，企业的整体声誉不会因为个别产品的失败而受到影响，同时有利于企业发展不同档次的产品，满足不同层次的消费者需求，形成了对竞争对手的立体封锁网络。如米其林公司采用的就是多品牌策略，不同档次、不同定位的轮胎品牌有米其林、百路驰和回力。

在线测验

在线测验

 成果提交

成果提交

 拓展提升

一、拓展任务

拓展任务

二、拓展训练

1. 商标和品牌的联系与区别是什么？
2. 如何根据消费者的需求去进行产品组合的决策和规划？

任务 7-2　汽车配件价格策略

任务引入

　　道达公司是一家汽车配件生产企业，最近研发出一款新型配件，能够有效地提高驾乘人员的舒适性。经过市场调查，本产品市场前景较为广阔，利润加成率可以达到 30%。本产品的固定成本为 100 元，平均变动成本为 150 元。张桐大学毕业后，刚刚应聘到该公司，公司经理要他考虑一下如何对该产品进行定价，从而保障企业既有收益又有市场。

　　张桐听到这个消息后，既喜又忧。喜的是刚上班就能受到领导重用，忧的是一下不知道该怎么对上述产品进行定价。如果您是张桐，您将如何进行定价？

任务描述

　　作为新推出的配件，既要打开销路赢得顾客，又要为企业带来收益，汽车配件销售人员只有制定出合理的价格，适时进行调整，才能确保企业双赢。

学习目标

- 专业能力

（1）能够正确地运用配件产品定价方法。

（2）能够掌握"成本导向定价法""新产品定价策略""心理定价策略""折扣折让定价策略"等汽车配件价格策略的知识和技能点，并能够熟练运用进行产品定价。

- 社会能力

（1）树立服务意识、效率意识和规范意识。

（2）强化人际沟通和客户关系维护能力。

（3）树立爱岗敬业的职业道德和严谨务实勤快的工作作风。

- 方法能力

（1）利用多种信息化平台进行自主学习的能力。

（2）运用多方资源解决实际问题的能力。

（3）自主学习与独立思维能力。

一、定价方法

汽车配件价格策略
（学习手册）

在市场营销的四个基本要素中，价格是营销组合中最灵活的因素，它与产品特征和渠道不同，它的变化是异常迅速的。因此，价格策略是企业营销组合的重要因素之一，它直接决定着企业市场份额的大小和赢利率的高低。

（一）汽车配件产品定价目标

定价目标是指企业通过制定一定水平的价格，所要达到的预期目的。定价目标一般可分为利润目标、销售额目标、市场占有率目标和生存目标等。

1. 利润目标

价格是实现利润的重要手段，获得最大利润也就成为企业定价的主要目标。许多企业都想制定一个能够使当期利润达到最大的目标价格。它们对需求和成本进行估计，并与可供选择的价格联系起来，选定一种价格，能够产生最大的当期利润、现金流或投资收益率。以该目标确定汽车配件产品的价格，被定价产品必须要求市场信誉高，在目标市场上占有优势地位。因此，这种定价目标比较适合处于成熟期的名牌汽车配件产品。

2. 销售额目标

这种定价目标是在保证一定利润水平的前提下，谋求销售额的最大化。某种产品在一定时期、一定市场状况下的销售额由该产品的销售量和价格共同决定，因此销售额的最大化既不等于销量最大，也不等于价格最高。对于需求的价格弹性较大的汽车配件产品，降低价格而导致的损失可以由销量的增加而得到补偿，因此企业宜采用薄利多销策略，保证在总利润不低于企业最低利润的条件下，尽量降低价格，促进销售，扩大赢利；反之，若汽车配件产品的需求价格弹性较小，降价会导致收入减少，而提价则使销售额增加，企业应该采用高价、厚利、限销的策略。

3. 市场占有率目标

市场占有率又称市场份额，是指企业的销售额占整个行业销售额的百分比，或者是指某企业的某产品在某市场上的销量占同类产品在该市场销售总量的比例。市场占有率是企业经营状况和企业产品竞争力的直接反映。作为定价目标，市场占有率与利润的相关性很强，从长期来看，较高的市场占有率必然带来高利润。美国市场营销战略影响利润系统的分析指出：当市场占有率在10%以下时，投资收益率大约为8%；市场占有率在10%~20%时，投资收益率在14%以上；市场占有率在20%~30%时，投资收益率约为22%；市场占有率在30%~40%时，投资收益率约为24%；市场占有率在40%以上时，投资收益率约为29%。

4. 生存目标

企业如果生产力过剩或者遇到激烈的竞争或者改变消费者的需求，都要把维持生存作为主要目标。为了维持企业能继续生产，存货能尽快周转，企业必须定低价，并且希望市场是价格敏感性的。

（二）影响汽车配件定价的主要因素

1. 成本

成本是产品价格的主要组成部分，是定价的基础因素。产品价格必须能够补偿产品的成本才能够有利可图。

2. 市场供求关系

产品价格除受成本影响外，还受市场需求的影响，即受商品供给与需求的相互关系的影响。当商品的市场需求大于供给时，价格应高一些；当商品的市场需求小于供给时，价格应低一些。

3. 竞争因素

企业产品最低价格取决于产品的总成本，最高价格取决于市场需求状况，在最高与最低价格的幅度内，企业能定多高的价格则取决于同类产品的市场竞争情况，因此市场竞争也是影响价格制定的重要因素。

（三）汽车配件产品的定价方法

由图7-2-1可知，产品定价时，除了受顾客需求和客观环境因素影响外，定价方法也是非常重要的。企业在定价时通常有所侧重，即定价的基本依据不同，从而形成了不同的定价方法。定价方法可分为三大类：成本导向定价法、需求导向定价法和竞争导向定价法。

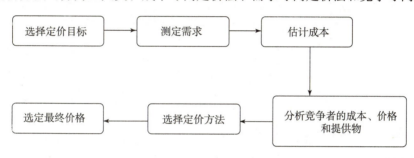

图7-2-1 产品定价流程

1. 成本导向定价法

所谓成本导向定价法，就是指企业以提供产品过程中发生的成本为定价基础的定价方法。按照定价成本的性质不同，成本导向定价法又可分为成本加成定价法、盈亏平衡定价法和边际贡献定价法。

2. 需求导向定价法

应现代市场营销观念要求，企业的一切生产经营必须以消费者需求为中心，制定价格也不例外。当根据市场需求状况和消费者对产品的感觉差异来确定价格时，这种定价的方法叫作需求导向定价法，又称"顾客导向定价法"。这种定价法具体可分为理解价值定价法和需求差别定价法。

3. 竞争导向定价法

此处不做详细介绍。

二、定价策略

汽车配件产品的定价策略有折扣折让定价策略、新产品定价策略和心理定价策略等。

（一）折扣折让定价策略

汽车配件企业对其产品制定一个基本的价格后，通常会面对不同的情况给予价格优惠，以折扣和折让的手段来刺激用户和中间商，鼓励客户购买。具体有现金折扣、数量折扣、功能折扣、季节折扣和折让策略等。

（二）新产品定价策略

新产品关系着企业的前途和发展方向，新产品的定价是否合适影响着新产品能否及时打开市场，与最终获取目标利润有很大的关系。新产品的定价策略有三种：撇脂定价策略、渗透定价策略和适中定价策略。由图 7－2－2 可以看出，撇脂定价策略是将价格定得相对于经济价值来讲比较高，以便从份额虽小但价格敏感性低的消费者细分中获得利润。而渗透定价策略是将价格定得相对于经济价值来讲比较低，以便赢得较大的市场份额和销售量。适中定价介于两者之间，是一种令企业与消费都能满意的定价策略。

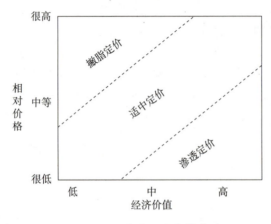

图 7－2－2　新产品定价策略图

（三）心理定价策略

在制定价格时，并不仅仅限于经济学原理的应用，还要考虑顾客的心理因素，即要考虑顾客对价格的主要心理认定趋势或取向。心理定价策略是企业迎合消费者的各种价格心理而制定营销价格的定价策略。具体分为尾数定价策略、整数定价策略、声望定价策略、招徕定价策略和习惯定价策略等几种形式。

（四）产品组合定价策略

1. 产品线定价策略

一个汽车配件企业通常不仅仅销售单一产品，而是销售各种各样的系列产品。这时企业就应当考虑各种不同类型产品之间或不同产品线之间的价格差异，这就是产品线定价策略。制定价格差异要考虑不同产品之间的成本差额、顾客对不同产品的评价和竞争对手的价格策略。

2. 组合产品定价策略

汽车配件企业可将相关的配件产品组合在一起销售，制定一个比分别购买更低的价格，或对于既可单卖又可成套销售的配件产品，将成套的产品价格定低一些，进行一揽子销售。这样能够使原本只准备购买部分产品的顾客转而购买全套产品，从而扩大企业的销售量。

3. 互补产品定价策略

对于有互补关系的一组商品，对购买次数少、价值大的，或消费者对其价格较为敏感的商品可定价低一些，而对于与之配套使用的价值低、购买次数多的商品，价格可适当定高。

即将主要产品的价格定低,将附带产品的价格定高,通过低价来促进主要产品的销售,以此带动附带产品的销售量。

 在线测验

在线测验

 成果提交

成果提交

 拓展提升

1. 影响汽车配件定价的主要因素是什么?
2. 定价的方法有哪些?如何调整定价策略来赢得市场?

任务 7-3　汽车配件分销渠道

任务引入

凯兴汽车配件公司准备扩大国内汽车份额，除了采取价格和产品营销策略外，公司还要求销售渠道部经理张翰制定一份相关的分销渠道方案。

如果您是张翰，将如何制定这份分销渠道方案呢？

任务描述

对于一个企业来说，除了要有适销对路的产品和合理的价格外，还需要通过适当的分销渠道，才能把产品从生产者流通到用户的手中，才能为企业带来利润，实现企业的最终价值。

学习目标

- 专业能力

（1）能够实施汽车配件分销渠道策略。

（2）能够掌握"代理模式""经销模式""品牌专营模式""连锁经营模式""共享销售渠道模式""分销渠道的表现形式"等汽车配件分销渠道的知识和技能点，并能够熟练运用进行渠道策略制定。

- 社会能力

（1）树立服务意识、效率意识和规范意识。

（2）强化人际沟通和客户关系维护能力。

（3）树立爱岗敬业的职业道德和严谨务实勤快的工作作风。

- 方法能力

（1）利用多种信息化平台进行自主学习的能力。

（2）运用多方资源解决实际问题的能力。

（3）自主学习与独立思维能力。

一、配件市场分销渠道模式

消费者要买德国生产的进口汽车配件,不必去德国,到一家德国汽车配件品牌专卖店就能买到。由此可以看出,消费者可以不与生产厂家打交道就能得到所需要的商品,甚至不需要知道谁是真正的生产者,也可以享用产品所带来的利益。这一切之所以成为可能,就是因为有了较为发达的分销渠道。

汽车配件分销渠道
（学习手册）

（一）配件市场分销售渠道概述

1. 分销渠道的定义

分销渠道又称为销售渠道,是指产品从制造商流向消费者所经过的整个通道,该通道通常由制造商、中间商（总经销、批发商、经销商）及其他辅助机构构成。渠道的起点是汽车制造商,终点是消费者或用户。现有的汽配城、品牌专营店、连锁店、汽车修理厂、多品牌销售渠道共享是直接面向消费者的汽车配件分销渠道的具体表现形式。

2. 分销渠道的功能

分销渠道到底在汽车企业运作中担负着怎样的角色呢？细说起来,它具有流通功能、营销推广和形象传播功能、信息采集功能、网络的兼容性和提供快捷温情服务功能等。

3. 分销渠道的流程

在销售网络中,各渠道成员的活动主要包括汽车所有权的转移、订货与付款、谈判、促销、物流配送等。这些活动形成三大经销流程,即实物所有权交换流程、资金所有权交换流程、市场信息反馈流程。这三大流程以显性或隐性的方式存在于制造商、经销商和最终顾客之间,呈现双向流动、周而复始的状态,如图7-3-1所示。

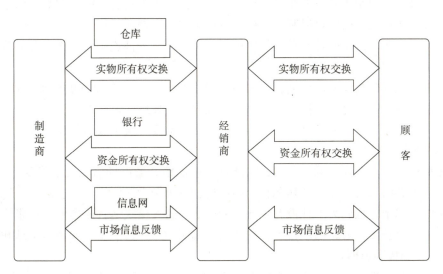

图7-3-1 分销渠道的流程

（二）汽车配件市场分销渠道的模式

1. 分销渠道的基本结构

分销渠道结构是指分销渠道中所有渠道成员所组成的体系，也称分销渠道模式。分销渠道有下面几种基本结构：

（1）生产制造商——消费者。

（2）生产制造商——零售商——消费者。

（3）生产制造商——批发商——零售商——消费者。

（4）生产制造商——代理商——消费者。

（5）生产制造商——代理商——零售商——消费者。

（6）生产制造商——代理商——批发商——零售商——消费者。

第（1）种分销渠道结构，由生产制造商直接将产品出售给消费者，在生产制造商与消费者之间没有中间环节，是一种直销渠道。汽车配件的特殊商品属性决定此种分销渠道在汽车配件销售过程中很少应用。

第（2）～（6）种分销渠道，在生产制造商与消费者或用户之间存在着不同的中间环节，生产制造商与消费者或用户之间的购销关系是由中间商的购销或代理活动实现的，是一种间接分销渠道。

2. 分销渠道的模式

1）代理模式

代理商受汽车配件制造商的委托，在一定时期、一定区域、一定的业务范围内，以委托人的名义从事经营活动的中间商，广泛存在于产销分离体制的汽车配件制造商之中。

2）经销模式

中间商从制造商处购买产品，取得商品所有权，然后作为自己的商品销售出去，这种行为就叫作经销。

汽车配件经销商是指从事汽车配件交易，取得汽车配件所有权的中间商。由于经销商拥有汽车配件的所有权，因此可以制定自己的营销策略，以期获得更大的效益。经销商的具体表现可以是专卖店、汽车配件交易市场中的零售店、汽车配件连锁店和汽车配件超市等。

3）品牌专营模式

品牌专营模式是指经销商根据自身实力和市场状况，在对企业发展做出长远的规划后，对其经营的品牌有所取舍。选择一个品牌在区域内深向发展，最终形成品牌专营。该模式是在特许营销和多品牌营销的基础上进化形成的，是制造商和渠道成员互相选择的结果。

4）连锁经营模式

连锁商业组织具有强大的生命力，它能够迅速汇集大量市场信息，准确反映消费动向，能够帮助生产部门适时设计生产和调整产品结构，以市场为导向把生产、消费、流通内部各环节有机结合起来，也成为一种带有主导性的产业。这种模式运营成本低，扩张快，企业渠道载荷小，渠道长度较短，层级较少，反馈信息真实、迅速，易于企业进行管理和决策。

5）共享销售渠道模式

2006年6月，米其林与壳牌、江森自控等零配件厂商签订了合作协议，这说明零配件厂商正在进行销售渠道共享的有益尝试。2007年1月，固特异与壳牌、德尔福、杜邦以及辉门签订了零售合作框架协议，不久后，在固特异轮胎加盟店里见到了这4家公司的零配件产品。

这种销售渠道共享的限制条件是不会出现在产品冲突的零配件厂商之间，而且零配件厂商一般只会将其他公司的销售渠道作为自己销售渠道的补充或尝试。

6）网络营销模式

互联网是一个虚拟的世界，在这个名副其实的虚拟世界中，消费者、商家、产品和服务正在以数字形态在互联网上畅行无阻地流通着，随着电脑技术、NI、ISDN等的快速发展，信息网络已冲击了企业的经营和管理方式。

网络营销管理的主要内容包括对信息、营销过程、交易过程的管理以及对营销效果的评估等。网络营销管理的运作过程如图7-3-2所示。网络营销管理系统功能如图7-3-3所示。

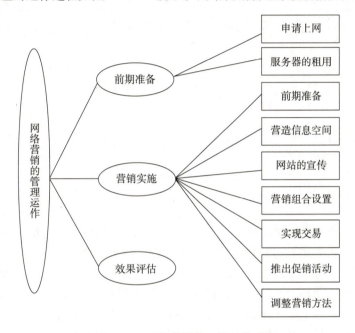

图7-3-2 网络营销管理的运作过程

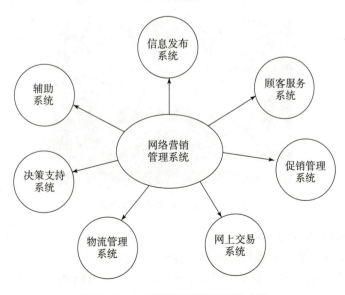

图7-3-3 网络营销管理系统功能

二、配件市场分销渠道的表现形式

如图7-3-4所示，汽车零配件的销售一般是和汽车生产厂家进行挂靠的批量供货，还有一种是经销商代理的零售批发，根据汽车零配件的用途，把汽车配件分为用于配套生产的零配件和用于售后维修的零配件。对于前者来说，汽车生产商所需的零配件绝大部分都有其固定的供应商（其下属的工厂或进口配件），汽车零配件商很难进入这一市场。而对于后者来说，除了4S店外，汽车售后市场是汽车零配件销售主渠道所在。

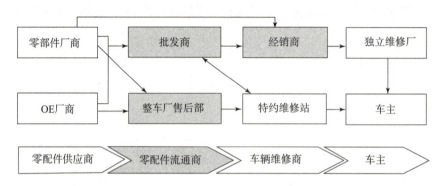

图7-3-4 汽车零部件市场供应链

（一）汽配城

汽配城具有配件种类齐全的优势，容易形成规模效应而带来稳定的客流。汽配城是由众多单店构成的，经营方式类似农贸市场，汽车配件产品质量良莠不齐，存在散、乱、差等问题。综合性汽配城的管理比较混乱，假冒伪劣产品比较常见，因此会对正规品牌的零配件厂商的产品销售造成一定冲击，特别是价格较高、质量较好的知名品牌。目前，汽配城仍是我国汽车配件销售的主要渠道。例如，在我国知名度较高的北京西郊汽配城（见图7-3-5），因规模大、品种全、价格低、服务优，其综合指标名列全国汽配城榜首。

图7-3-5 北京西郊汽配城

（二）零配件品牌专营店

设立零配件品牌专卖店或授权经销商，在专卖店体系内，零配件产品执行统一销售价，这样就避免了不良价格竞争，而且产品质量和品牌形象都能够得到保证，如图7-3-6所示。

项目七
汽车配件营销策略

图7-3-6　某品牌专营店

(三) 连锁超市

庞大的汽车消费市场带动了汽车零部件产业的蓬勃发展。相比之下，目前汽车配件市场散、乱、差的状态已成为极不和谐的音符。已宣布进入中国汽车配件市场的蓝霸（NAPA-中国）汽配连锁超市进入中国汽车配件市场后，在国内汽车配件流通领域全面引入标准化经营的全新概念。汽车界专家认为，汽车配件连锁经营模式的进入，将引发汽车配件流通领域经营运作方式的变革，引领汽车配件市场朝着健康有序的方向发展（见图7-3-7和图7-3-8）。NAPA的经营模式有以下三个方面的特点：

图7-3-7　某汽配连锁超市

图7-3-8　某汽配连锁超市内部

(1) 从NAPA售卖的汽车配件来看，其种类几乎覆盖国内外大多数车型，不仅包括乘用车、商用车、农用车，甚至特殊车种所需的配件也都在列，这样规模庞大的汽车配件库不仅为消费者提供了购买配件的便利性，也在很大程度上让客户对其信任并产生依赖。

（2）NAPA 的维修连锁网络是多层次的，包括事故车维修中心和快修养护店，而大部分维修养护店并没有标准的模式，仅提供单一的服务，如专门维护制动系统、冷却系统、转向/悬挂系统。加盟商加盟 NAPA，不仅可以得到配件正品低价供应，同时将得到专业的培训和认证。

（3）NAPA 将主要业务模式集中于汽车维修连锁渠道的建立上，这一点与目前国内的汽车养护市场较为趋同。NAPA 销售的配件比厂家的销售价格低 15%～20%，价格上的优势加上 NAPA 建立的专业化的分工和细分化的特点，使得每一家店面都可以发挥各自优势，又能与其他商家配合，共同满足消费者的要求。

 在线测验

在线测验

 成果提交

成果提交

 拓展提升

一、拓展任务

拓展任务

二、拓展训练
1. 如何选择汽车配件市场的分销模式和相关的表现形式？
2. 分销渠道具有哪些功能？

任务7-4 汽车配件促销策略

任务引入

新毕业的大学生李丹应聘到一家汽车轮胎专卖店,由于同行业竞争激烈,该店的销量出现了下滑,经理感到很烦恼,李丹了解到这一情况后,提出一个针对性强的促销方案,以提升该店销售份额。

如果你是李丹,会向经理提出什么样的促销方案?

任务描述

汽车销售人员只有制定合理的促销方案,才能既赢得客户又为企业带来收益。

学习目标

- 专业能力

(1) 能够熟悉四种配件产品促销方式。
(2) 能够掌握"人员推销的特点""人员推销的任务""人员推销的形式""人员推销的策略""配件产品陈列""汽车用品广告的投放""营业推广""公共关系"等汽车配件促销策略的知识和技能点,并能够熟练运用。

- 社会能力

(1) 树立服务意识、效率意识和规范意识。
(2) 强化人际沟通和客户关系维护能力。
(3) 树立学生践行社会主义核心价值观的工作作风。

- 方法能力

(1) 利用多种信息化平台进行自主学习的能力。
(2) 运用多方资源解决实际问题的能力。
(3) 自主学习与独立思维能力。

相关知识

所谓促销,是指企业营销部门通过一定的方式,将企业的产品信息及购买途径传递给目标用户,从而激发用户的购买兴趣,强化购买欲望,甚至创造需求,从而促进企业产品销售的一系列活动。

汽车配件促销策略
(学习手册)

促销的实质是传播与沟通信息，其目的是促进销售、提高企业的市场占有率及增加企业的收益。为了沟通市场信息，企业可以采取两种方式。一种是单向沟通，即"卖方→买方"的沟通，如广告、陈列、说明书、宣传报道等；或"买方、卖方"的沟通，如用户意见书、评议等。另一种是双向沟通，如上门推销、现场销售等方式，即买卖双方相互沟通信息和意见的形式。

现代市场营销将上述促销方式归纳为四种类型：人员推销、广告、营业推广和公共关系，并将这四种方式中的其中任意两种以上进行运用搭配称为促销组合。促销组合策略就是将这四种促销方式组合搭配和运用的决策。

一、人员推销

人员推销是企业的推销人员直接向消费者进行介绍、说服工作，促使消费者了解、偏爱本企业的产品，进而采取购买行为的一种促销手段。在这一活动中，推销人员要确认、激活和满足消费者的需求和欲望，并达到双方互惠互利的目标。

人员推销的任务

（一）人员推销的特点

同非人员推销相比，人员推销的最大特点就是具有直接性，它作为不可取代的销售手段，具有机动灵活、针对性强、亲和力强、反馈及时、竞争性强和推销费用高等特点。

（二）人员推销的任务

人员推销是一种专业性和技术性很强的工作，它要求推销员具备良好的政治素质、业务素质和心理素质，以及吃苦耐劳、坚韧不拔的工作精神和毅力。人员推销的任务主要有传递信息、开拓市场、销售产品、提供服务和搜集信息等。

人员推销的形式

（三）人员推销的形式

人员推销是一种重要的促销方式，对于实现企业营销目标，完成产品的销售任务起着十分重要的作用。人员推销可以是面对面交流，也可以通过电话、电函进行交流。推销人员的任务除了完成一定的销售量以外，还必须及时发现顾客的需求，并开拓新的市场，创造新需求。

人员推销主要包括上门推销、柜台推销和会议推销三种活动形式。

用心服务

（四）人员推销的策略

人员推销策略是指实施销售计划的各种因素，包括产品、价格、广告、渠道、促销及立地条件，是一种为了达成销售目的之各种手段的最适组合而非最佳组合。

1. 寻找新客户

从营销的角度看，新客户是指那些具有购买能力、能决策的潜在需求者。要想获得推销的成功，寻找新客户是第一步。

2. 接近客户

寻找到新客户以后，接下来的任务就是要接近客户，获得客户的好感，以便进一步实施产品推销。要想接近客户，首先必须做好接近客户的准备工作，这些准备工作主要包括调查客户情况（这是最主要的），了解企业及其产品的最新情况等，做到知己知彼。

3. 介绍和示范

在对目标消费者已有充分了解的基础上，推销人员应当根据所掌握的情况，有针对性地介绍目标消费者可能感兴趣的方面。这个阶段是整个推销活动的关键环节，必要时，应主动地进行一些产品的使用示范，全面地向客户介绍配件特点及优势以增强目标消费者对产品的信心，提高销售的成功概率。

4. 排除异议

推销不可能是一帆风顺的，在大多数情况下，消费者对推销人员的销售都会提出一些质疑，甚至给予拒绝。排除障碍的有效办法是把握产生异议的原因，对症下药。

5. 达成交易

达成交易是消费者接受推销人员的建议并做出购买决定和行动的过程。在买方市场下，要想说服客户、达成交易的确不是一件易事。因此，在说服过程中应认真听取并分析客户的意见，找出问题的关键点和客户的真实目的，做出针对性的反应。要做到事实充分、证据有力、态度诚恳、不卑不亢。此时，推销人员还应当注意不要疏漏各种交易所必需的程序，应使交易双方的利益得到保护。

二、广告

广告是企业促销组合中一个十分重要的组成部分，随着商品经济的迅速发展，竞争日趋激烈，以及传播手段的飞速进步，生产者和经营者越来越需要借助广告来进行产品宣传。

停止低俗营销

（一）广告的作用

广告是企业产品促销的重要手段之一，广告对企业促销产品有传递信息，沟通供需，激发需求，促进销售，树立产品形象，提高企业知名度，介绍商品，引导消费和传播文化，丰富生活等作用。

（二）配件产品广告宣传媒体

1. 报刊

报刊是最具渗透力和扩散力的传播媒介。以其作为广告的媒体具有独特的优势，即广泛性、自由度、深度、保存性、低成本等优势。当然它也有不足之处，如传播信息不如网络、电视那么迅速、及时，受读者文化水平和理解能力的限制等。

2. 招贴广告

招贴广告又称海报，是一种提供简短、及时、确切信息的招贴。它常张贴于能引起客户注意的醒目之处，以告知客户某种商品的及时信息，营造宣传气氛，适用于某种或某系列商品信息的公布，如图7-4-1所示。这种广告宣传方式的信息覆盖面相对较窄。

图7-4-1 某配件经销公司招贴广告

3. 邮寄广告

邮寄广告的特点是信息传播方向性强、宣传效果好，适用于企业经营范围、品种价格的宣传。

4. 报纸夹页或传单

报纸夹页或传单是一种印成单张向外散发的宣传品。上面说明本企业经营品种范围、价格水平、联系方法等，可作为促销广告使用。这种形式比较灵活，造价低廉，散发方便。

5. 声像广告

声像广告利用无线电波发送，包括广播广告和电视广告。电视广告表达直观，传播迅速，适应面广，娱乐性强。其弱点是成本较高，受时间的限制。

6. 网络广告

网络广告就是利用网站上的广告横幅、文本链接及多媒体等方法，在互联网刊登或发布，通过网络传递到互联网用户的一种高科技广告运作方式。

与传统广告及近年来备受垂青的户外广告相比，网络广告具有得天独厚的优势，是实施现代营销媒体战略的重要部分。因特网是一个全新的广告媒体。其优点是覆盖范围广，主动性、积极性强，时间持久，费用相对较低，性价比高，灵活性强，可直达产品核心消费群，具有强烈的互动性。

7. 商品陈列

对于汽车配件销售来说，商品陈列十分重要。特别是大型商场的橱窗设计更应做到宣传与介绍相结合，具有美感。商场内部商品陈列丰富，可以给顾客提供更广阔的挑选余地并使顾客加深对商品的了解，以便选购。一些新产品和通用商品更能通过样品陈列起到极大的广告宣传作用，达到促销的目的。

汽车配件产品陈列促销包括橱窗陈列、柜台、货架陈列、架顶陈列、壁挂陈列和平地陈列等形式。

（三）汽车用品广告的投放

对于绝大多数汽车用品商家而言，去哪里投放广告，如何投放，其实也是有规律可循、有技巧可用的。投放广告时应注意以下几点：分清投放主体、选择投放对象和新颖的投放形式。

汽车用品广告的投放

三、营业推广

营业推广又称销售促进，是指企业运用各种短期诱因鼓励消费者和中间商购买、经销或代理产品或服务的促销活动。其特点是可有效地吸引客户，刺激其购买欲望，较好地促进销售。

近年来，营业推广在市场营销组合中越来越显其重要地位。在汽车配件市场中，营业推广也是一种行之有效的促销手段，针对不同的销售对象，营业推广的策略也有所不同。

针对消费者的营业推广可以采用有奖销售、赠送优惠券、提供优质服务、价格折扣和价格保证策略、竞赛、游戏和特价销售等。

针对中间商的营业推广则可以采用交易折扣、销售竞赛和产品展销会几种形式促进销售。

而针对本企业推销人员展开营业推广，其目的是鼓励推销人员积极开展推销活动。它可以采用红利提成、销售竞赛和教育与培训等方式进行。

四、公共关系

公共关系是指一个组织通过信息传播手段，为改善与社会公众的联系状况，为与社会各界公众建立良好的关系，为树立良好的组织形象而进行的一系列活动。

企业公共关系是近年来发展起来的一门独特的组织管理技术，它有利于树立企业的良好形象，以赢得企业内外相关公众的理解、信任、支持与合作，有利于企业创造良好的市场营销环境。

（一）公共关系的特点

公共关系是一种隐性的促销方式。它是以长期目标为主的间接性促销手段，其主要特点有：长期性、沟通双向性、可信度高、间接促销、影响的多元性和成本低廉。

公共关系的特点

（二）公共关系的活动方式

1. 通过新闻媒介传播企业信息

企业可通过新闻报道、记者招待会、人物专访和记事特写等形式，利用各种新闻媒介对企业的新产品、新措施与新动态进行宣传，并邀请记者参观企业，还可撰写各种与企业有关的新闻稿件。

2. 加强与企业外部公众的联系

企业应通过同社会各方面（政府机构、社会团体以及供应商、经销商）的广泛交往来扩大企业的影响，改善企业的经营环境。通过同这些机构建立公开的信息联系，来争取理解和支持，并通过它们的宣传，加强企业及其商品的信誉和形象，可赠送企业产品或服务项目的介绍、企业月报、季报和年报资料等。

3. 企业自我宣传

企业还可以利用各种能自我控制的方式进行企业的形象宣传。如在公开的场合进行演讲；派出公共关系人员对目标市场及各有关方面的公众进行游说；印刷和散发各种宣传资料，如企业介绍、商品目录、纪念册等；有条件的汽车配件行业还可创办和发行一些汽车配件刊物，持续不断地对企业形象进行宣传，以逐步扩大影响。

4. 借助公关广告

通过公关广告介绍宣传企业，树立企业整体形象。公关广告的目的是提高企业的知名度和美誉度，公关广告的形式和内容可概括为三种类型：致意性广告、倡导性广告和解释性广告。

5. 举行专题活动

通过举行各种专题活动，扩大企业的影响。举办各种庆祝活动，如周年庆、开工典礼、开业典礼等；开展各种竞赛活动，如知识竞赛、技能竞赛等；举办技术培训班或专题技术讨论会等，从而扩大企业的影响力。

6. 参与各种公益活动

通过参与各种公益活动和社会福利活动，协调企业与社会公众的关系，树立良好形象。这方面的活动包括：安全生产和环境保护、赞助文体等社会公益事业和为社会慈善捐助等。

在线测验

在线测验

 成果提交

成果提交

一、拓展任务

拓展任务

二、拓展训练

1. 公共关系的活动方式有哪些?
2. 在制定促销方案时,如何进行产品组合促销?

项目八
汽车配件计算机管理

汽车配件车型多,零部件种类繁杂,单靠手工作业管理难以达到科学、准确、快捷的目的,将计算机管理系统应用于汽车配件企业,已成为必然趋势。

汽车配件管理系统是针对汽车配件企业产品的购销、配件的进出、账款的结算等业务而专门开发的,包括配件销售管理、配件采购管理、配件仓库管理、应收应付管理等。本项目将从汽车配件计算机管理系统概述和汽车配件计算机管理系统的操作流程两个任务展开。

任务 8-1　汽车配件计算机管理系统概述

 任务引入

王静毕业后应聘到 AB 汽车配件公司，担任配件计划员助理。上班后经理要求她首先熟悉公司的配件计算机管理软件，掌握系统的各个功能，通过计算机软件完成日常工作。

如果您是王静，您对配件计算机软件的作用和功能是否了解呢？

 任务描述

汽车配件工作人员不仅仅要对配件本身及工作流程熟悉，现在汽车配件商店都实行计算机配件管理系统，作为一名从业人员，还应该熟悉计算机管理配件的程序，知道数据和报表汇总的内容，并能根据计算机操作规范完成配件管理业务。

 学习目标

- 专业能力

(1) 了解汽车配件企业计算机管理的发展状况。
(2) 了解汽车配件计算机管理系统的作用。
(3) 了解汽车配件计算机管理系统的基本功能。

- 社会能力

(1) 树立服务意识、效率意识和规范意识。
(2) 强化人际沟通和客户关系维护能力。
(3) 树立爱岗敬业的职业道德和严谨务实勤快的工作作风。

- 方法能力

(1) 利用多种信息化平台进行自主学习的能力。
(2) 运用多方资源解决实际问题的能力。
(3) 自主学习与独立思维能力。

项目八
汽车配件计算机管理

汽车配件计算机管理系统
概述（学习手册）

一、汽车配件企业计算机管理的发展

汽车维修企业的业务通常都包括配件管理业务，在实际运用中，大多数汽车配件企业也使用汽车维修管理系统，选取其中配件管理的相关功能。汽车配件管理软件通常有通用型管理软件和委托专项开发的软件。

（一）通用型管理软件

通用型的汽车配件管理软件已经成为企业使用的主流（见图8-1-1），这种软件有以下特点。

图8-1-1　汽配通汽配管理软件界面

（1）通用性强。商品化的软件意味着这是一个标准化的可以满足许多不同企业管理要求的产品。软件公司对客户的服务可以实现标准化，工作量大大减轻。

（2）软件功能强。由于软件公司投入了大量资金和人力，致力于一个软件的开发，不断吸收各企业的合理建议，又融合其他类似软件的优点，因此软件功能越来越完善，可以满足客户想到的要求，甚至是客户需要但自己没想到的需求。

（3）软件的价格合理。开发通用型汽车配件管理软件的费用常常以百万计，但是由于客户众多，因此每套软件的价格就便宜合理了。

（4）可以享受长期的服务。开发汽车配件管理软件的公司由于长期致力于项目开发，特别重视售后服务和软件升级，因此会为客户提供良好的售后服务。同时，开发企业也能从售后服务中得到大量的有利于改进产品的信息。

但是，通用型的管理软件无法满足一些客户的特殊要求。于是，一些有实力的客户做出了不同的选择。

（二）委托专项开发的软件

随着实力的增强，某些汽车维修、汽车配件企业规模越来越大，管理模式越来越复杂和富有个性化，也就无法忍受通用型软件的限制。这类有实力的客户拿出较大的投资，委托专业软件公司开发其专用的管理软件，如图 8-1-2 所示。

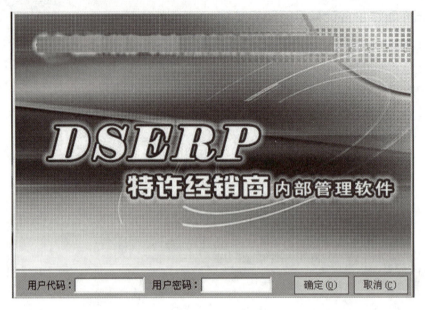

图 8-1-2　专用的管理软件

这是一种进步，这些企业认识到软件的真正价值，他们真正把企业的信息管理系统放到企业管理的核心地位。这类软件的特点是：

（1）投资较大，实施的工期较长。

（2）委托专业的有行业经验的软件公司开发。

（3）软件公司向客户提供业务流程重组的咨询，客户可以借助于软件公司丰富的行业经验和先进的管理理念。

二、计算机管理系统的作用

（1）计算机具有信息存储量大、信息处理准确的特点。汽车维修企业和汽车配件经营企业使用计算机管理系统之后，能充分实现企业人、财、物和产、供、销的合理配置与资源共享；能加快库存周转，减少采购和运输费用；能减少由于物料短缺而引起的维修工期拖延，确保维修承诺期；能保证企业的财务数据反映实际的成本及企业状况。所以，实行计算机管理是实现企业科学管理的有效手段。

计算机管理系统的功能

（2）计算机管理可以挖掘企业内部潜力。例如将计算机用于企业的库存管理，由于网络化的库存管理能够缩短进出货的周期并减少缺货的可能性，因此可以为按需库存提供准确的信息，减少因库存不当而造成的人力和财力浪费。

（3）实行计算机管理，各车型、故障、工种、技术熟练程度等都可以进行量化，使得在修理报价、竣工结算、工资分配、奖金提成等方面有据可依，既能充分调动员工的积极性，又能为企业树立规范化管理的良好形象。

三、计算机管理系统的基本功能

随着科学技术的不断提高，计算机技术日趋成熟，其强大的功能已为人们深刻认识，汽车配件管理系统进入人类社会的各个领域并发挥着越来越重要的作用。

汽车配件计算机管理系统的基本功能包括接待报修、维修调度、竣工结算、配件管理、财务管理和生产经营管理等内容。

虽然不同的企业有不同的主要业务流程，但是每一套系统都包含配件的订购业务、销售业务和库存业务。

 在线测验

在线测验

 成果提交

成果提交

 拓展提升

一、拓展任务

拓展任务

二、拓展训练

1. 汽车配件企业为什么要采用计算机管理？
2. 计算机管理系统的基本功能有哪些？

任务 8-2　汽车配件计算机管理系统的操作流程

任务引入

某汽车配件公司准备采购一批新配件，经理将这项工作交给了小王。小王刚参加工作，他知道采购工作需要货比三家，选择性价比高的供应商。于是小王想到先借助公司的配件软件操作系统，了解各供应商的配件报价情况。

任务描述

汽车零件的种类多、规格复杂，且有很强的技术内容，只有使用计算机才易于记录。在大多数情况下，每个汽车配件都有一个唯一的编号，给使用计算机管理带来了方便。实行计算机管理，尤其在库存管理上能够缩短进出货的周期并减少缺货的可能性，可以为按需库存提供准确的信息，减少因库存不当而造成的人力和财力浪费。所以，作为汽车配件人员，要能够灵活运用汽车配件计算机管理系统，并对内容实时进行更新处理。

学习目标

- **专业能力**

（1）能够熟练操作汽车配件计算机软件管理系统。

（2）掌握"进货管理""销售管理""库存管理""综合分析"等汽车配件流程知识和技能点，并能够熟练运用进行配件的进存销工作。

- **社会能力**

（1）树立服务意识、效率意识和规范意识。

（2）强化人际沟通和客户关系维护能力。

（3）树立爱岗敬业的职业道德和严谨务实勤快的工作作风。

- **方法能力**

（1）利用多种信息化平台进行自主学习的能力。

（2）运用多方资源解决实际问题的能力。

（3）自主学习与独立思维能力。

项目八 汽车配件计算机管理

相关知识

不同企业采用不同的计算机管理系统来完成汽车配件的管理工作。以下我们以"运华天地汽车服务企业管理系统"汽车配件部分的操作方法为例来说明汽车配件系统的运用。

汽车配件业务流程如图8-2-1所示。

汽车配件计算机管理系统的
操作流程（学习手册）

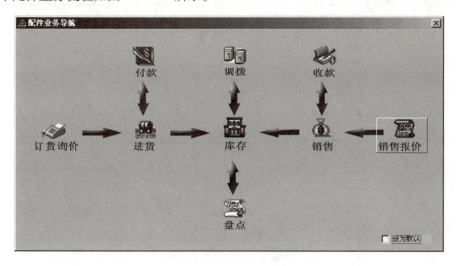

图8-2-1　汽车配件业务流程

其中，订货询价、进货、付款属于进货管理模块；库存、盘点、调拨属于库存管理模块；销售报价、销售、收款属于销售管理模块。

一、进货管理

（一）入库单

选择"汽配管理"→"进货管理"→"采购入库单"选项或单击配件业务导航中的"进货"按钮，打开如图8-2-2所示的"采购入库单"窗口。

计算机软件操作之入库单

通过新建入库单，进行配件入库工作，当需要查询、修改入库单时，可以进行入库单的查询和修改。

（二）订货询价单

订货询价单是用户在进货之前进行配件的询价操作。

选择菜单"汽配管理"→"进货管理"→"订货询价单"选项或单击配件业务导航上的"订货询价单"按钮，系统弹出如图8-2-3所示"订货询价单"窗口。

可以通过新建询价单，进行询价查询。当需要修改询价单时，可以打开询价单，将订货询价单修改，完成相应的操作要求。

计算机软件操作之询价单

209

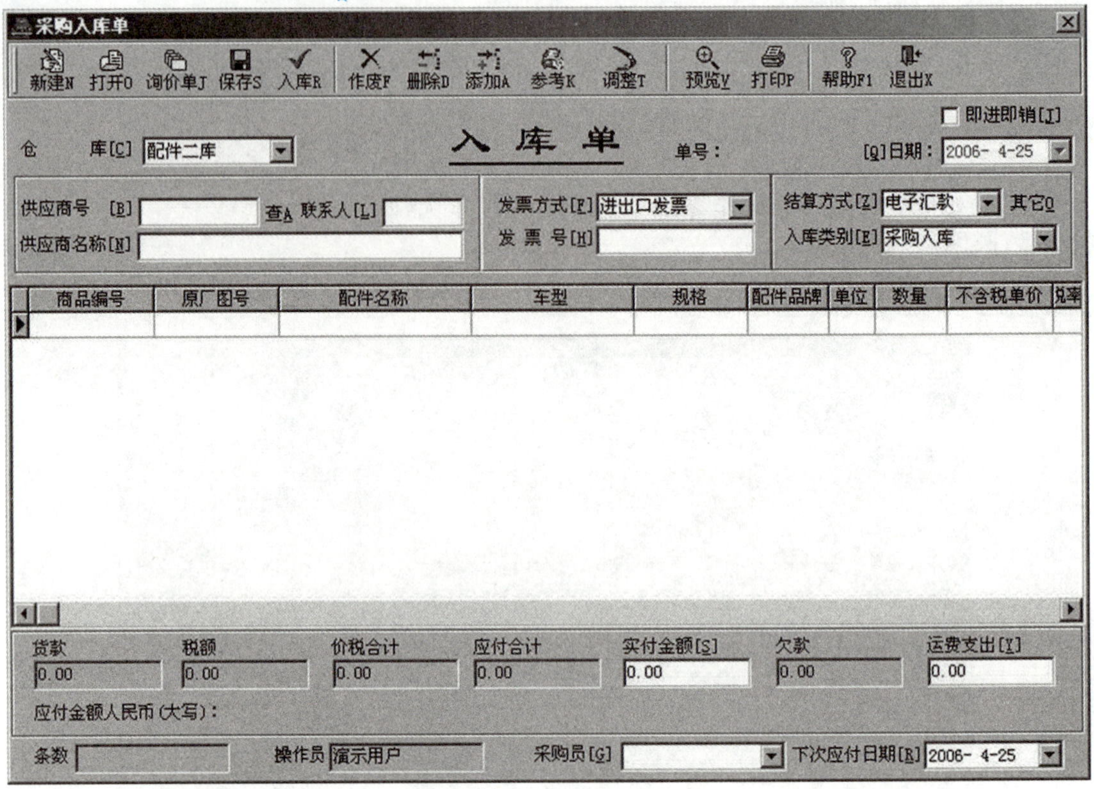

图 8-2-2　采购入库单

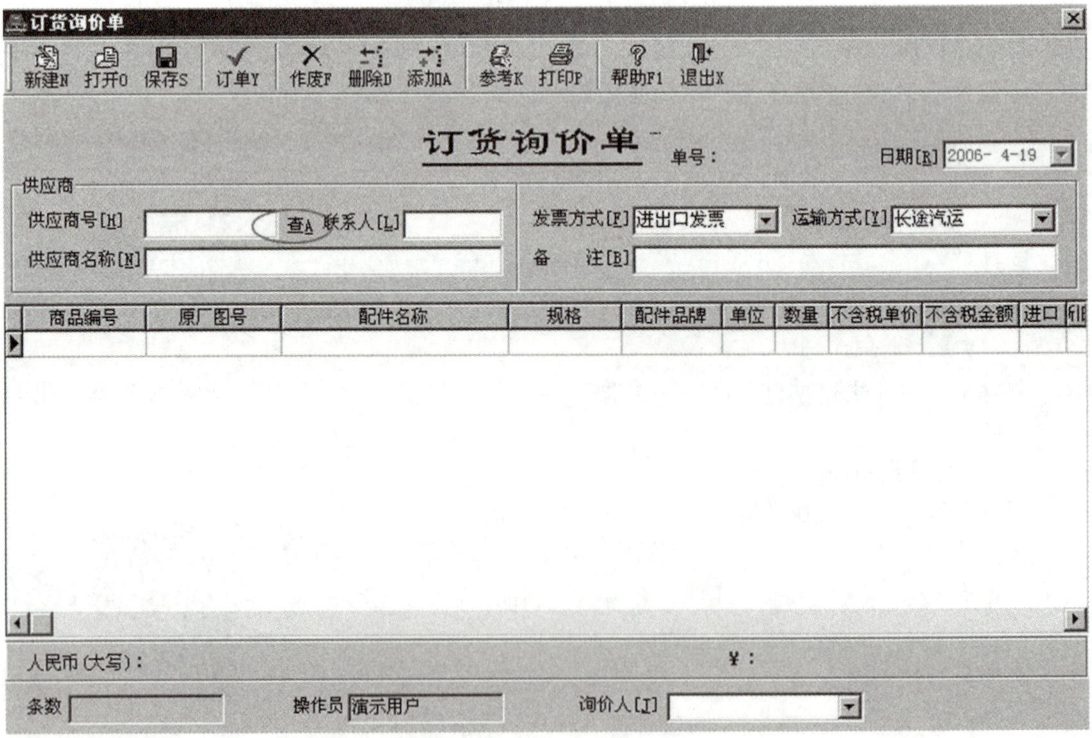

图 8-2-3　订货询价单

（三）采购退货单

采购退货单是用于对存在问题的已入库的配件进行退货处理。单击窗体中的 ，可以进行退货操作。其他操作请参考入库单。

二、销售管理

（一）销售单

选择"汽配管理"→"销售管理"→"销售出库单"选项或在配件业务导航上单击"销售"按钮，打开如图8-2-4所示的"销售出库单"窗口。

计算机软件操作之销售单

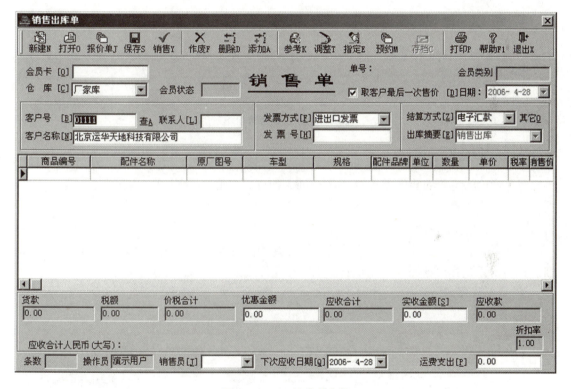

图8-2-4 销售出库单

新建销售单之后进行相应的操作，同时在需要进行销售单查询时，可以按商品编号、原厂图号、配件名称（或拼音码）、客户号、客户名称、仓库、销售员、结算方式、发票方式、出库摘要等进行查询。

（二）销售报价单

销售报价单是配件销售之前提供给客户的价格表，如图8-2-5所示。

可以通过新建窗口进行相应的操作，如果要修改已有的销售报价单，也可以进行相应的操作。

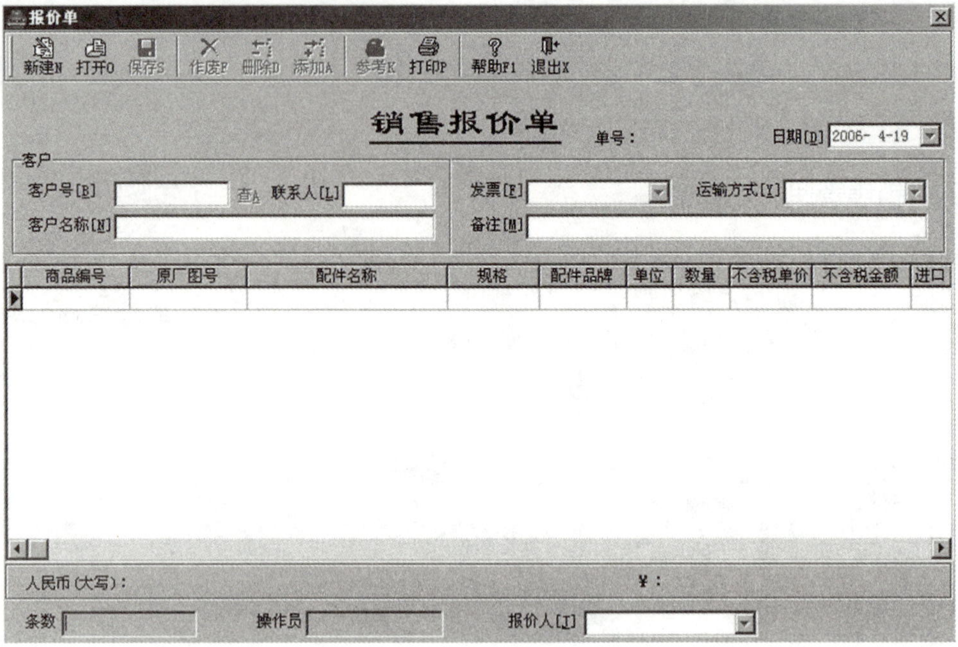

图 8-2-5　销售报价单

三、库存管理

库存管理的主要功能涉及库存商品查询、配件补货单、盘点单、内部调拨单、货位维护、出入库汇总表、配件组合拆分单和库存期初录入。

（一）库存商品查询

库存商品查询对配件的库存情况进行组合查询。选择菜单"库存管理"→"库存商品查询"选项，系统弹出如图 8-2-6 所示"库存配件查询"窗口。

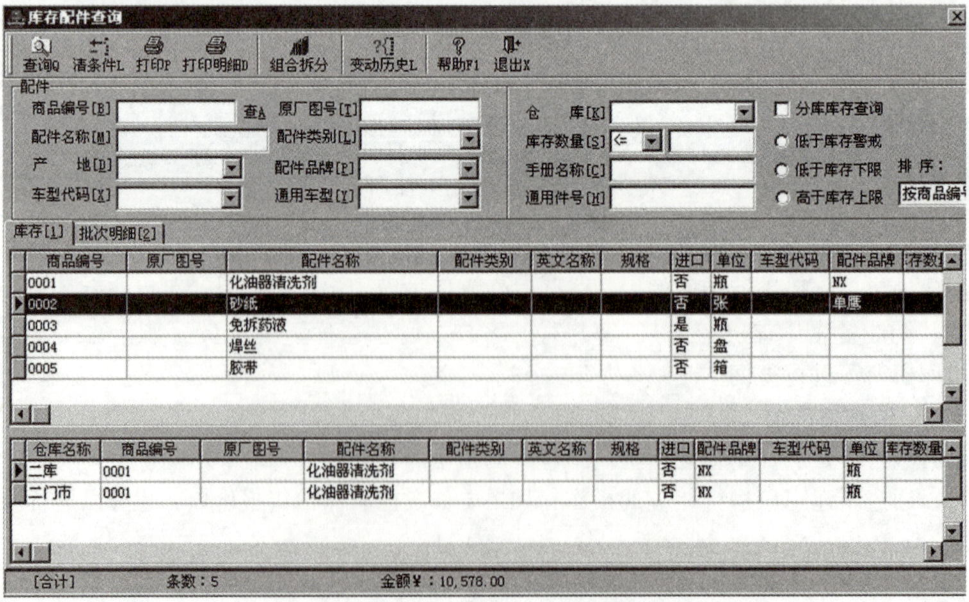

图 8-2-6　库存配件查询

可以根据各种查询条件进行组合查询。

（二）配件补货单

配件补货单用来查询库存中哪些配件需要补货，如图8-2-7所示。

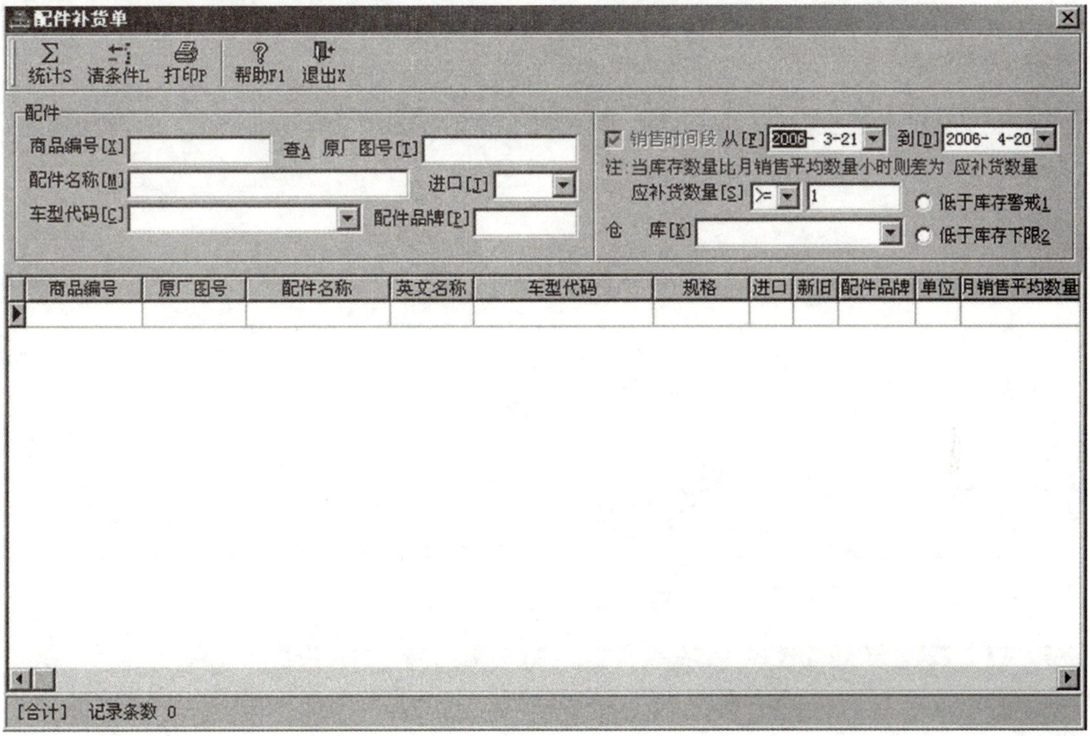

图 8-2-7　配件补货单

查询条件参考：库存商品查询。

（三）盘点单

盘点单用来对库存商品中账面数跟实际数不一致情况进行调整处理。它有盘赢、盘亏两种情况。盘点单的操作主要有盘点表打印、新建盘点单和盘点单查询。

（四）内部调拨单

内部调拨单如图8-2-8所示，用于公司内部两个不同仓库之间的配件调拨。

通过新建窗口完成相应的操作，系统进行调拨处理。同时，也可以对内部调拨单查询。

计算机软件操作之盘点单

（五）货位维护

货位维护用来进行商品的货位更改，如图8-2-9所示（商品在仓库中的位置）。

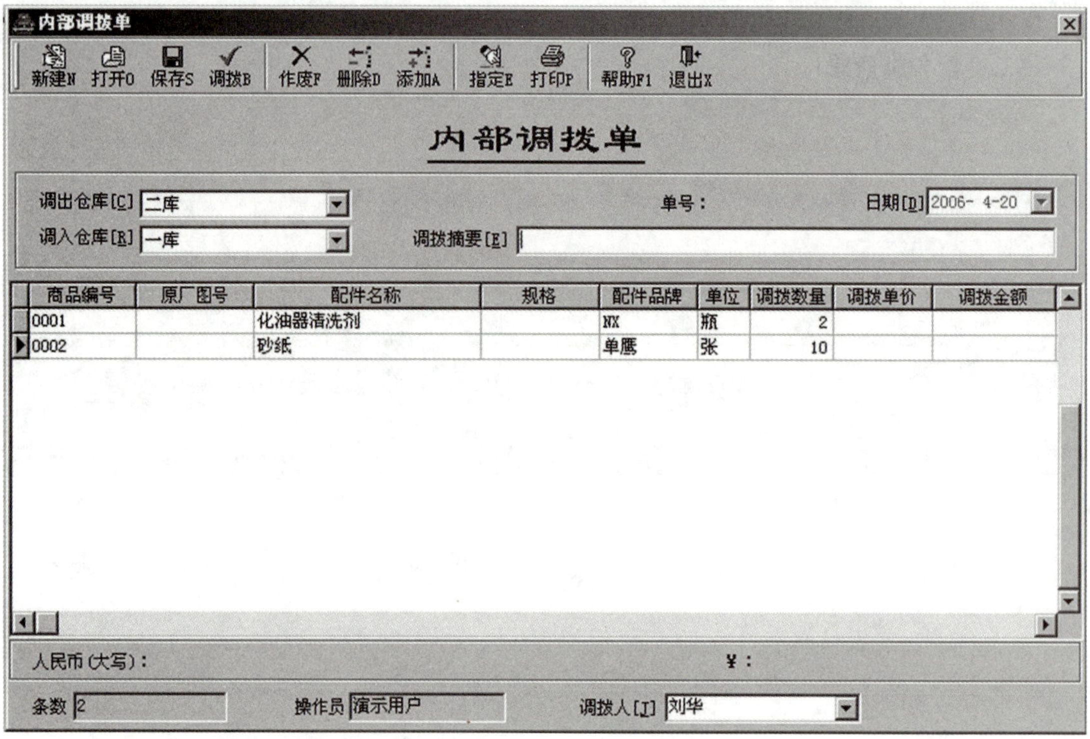

图8－2－8　内部调拨单

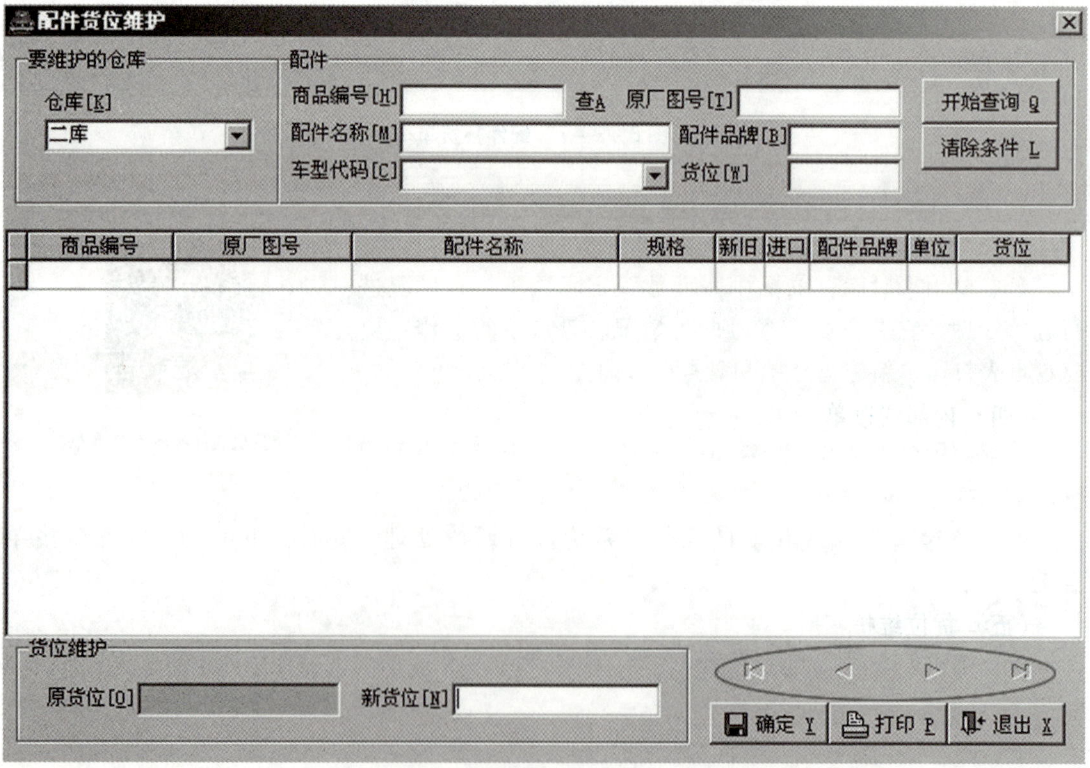

图8－2－9　配件货位维护

（六）出入库汇总表

出入库汇总表（见图 8 – 2 – 10）用来对配件的出库和入库情况进行汇总统计。

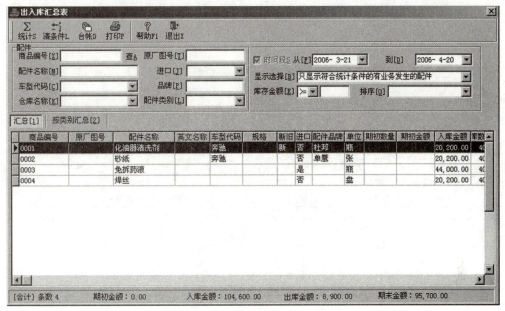

图 8 – 2 – 10　出入库汇总表

（七）配件组合拆分单

考虑到有些配件能拆开销售，我们提供了合拆功能（见图 8 – 2 – 11）。

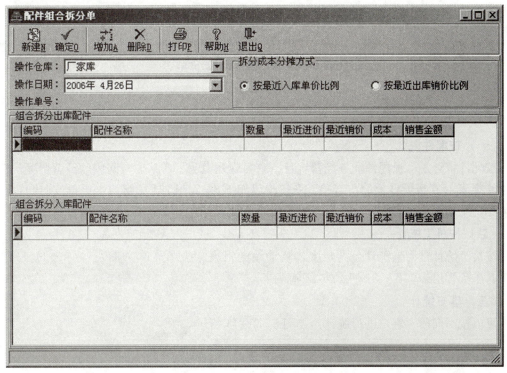

图 8 – 2 – 11　配件组合拆分单

（八）库存期初录入

库存期初录入用于配件期初盘点，在首次使用本系统时，在录入配件的基础信息后，当已有一些配件的库存信息时，我们可以使用此功能，对商品进行期初盘点，如图8-2-12所示。

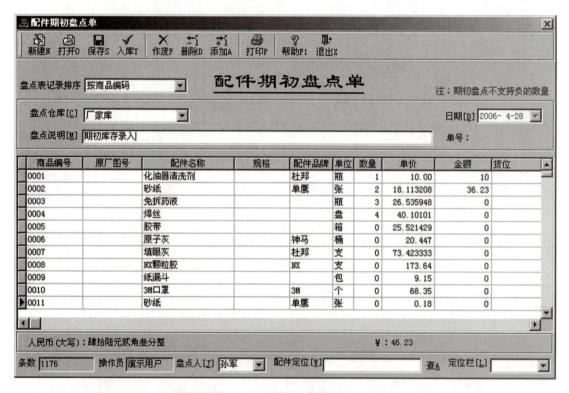

图8-2-12 配件期初盘点单

四、综合分析

（一）按配件统计

按配件统计是一份配件业务经营统计，它客观地说明了在某段时间内的经营情况。选择菜单"报表"→"按配件统计"选项，系统弹出如图8-2-13所示窗口。可以按时间段、配件信息、车型说明、仓库、有无业务发生进行统计。

（二）按员工统计

按员工统计是用来统计公司员工销售业绩的报表。选择菜单"报表"→"按员工统计"选项，系统弹出如图8-2-14所示窗体。

（三）客户统计

可以按时间段、客户进行统计，如图8-2-15所示。

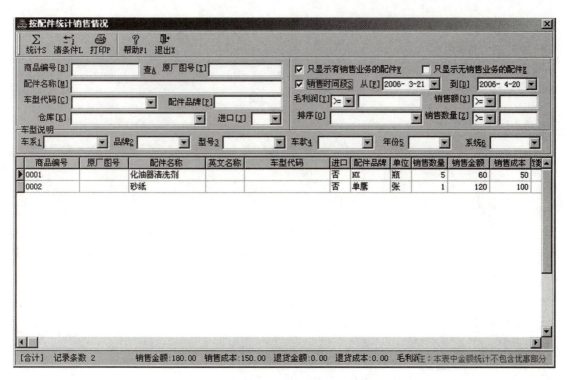

图 8-2-13 按配件统计销售情况

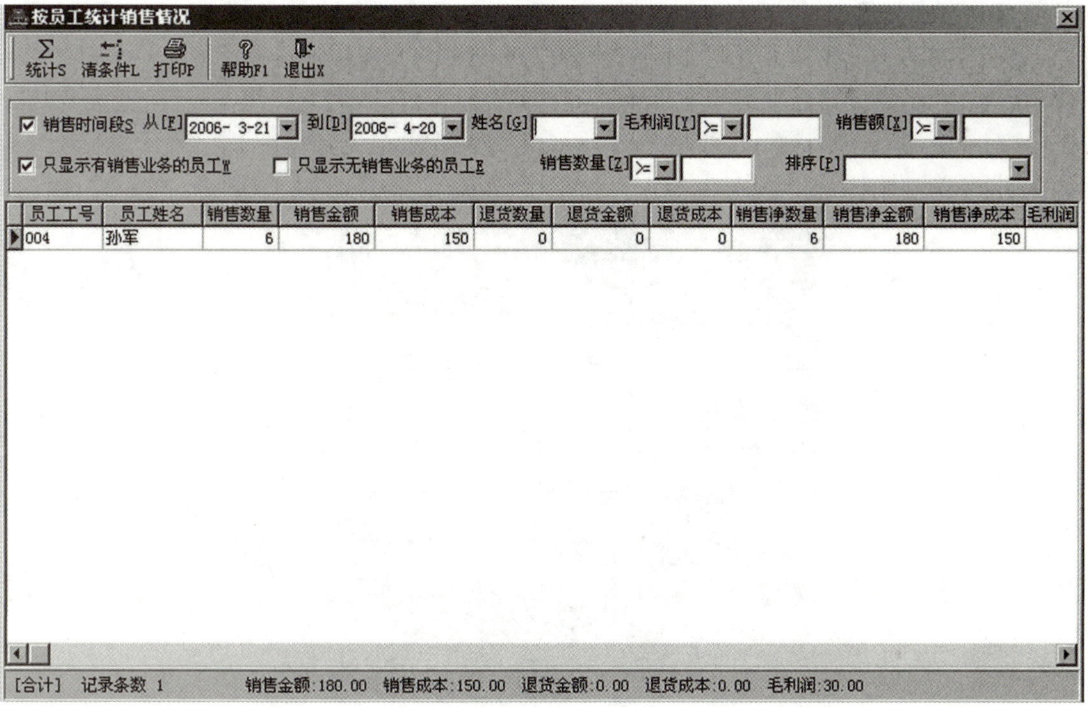

图 8-2-14 按员工统计销售情况

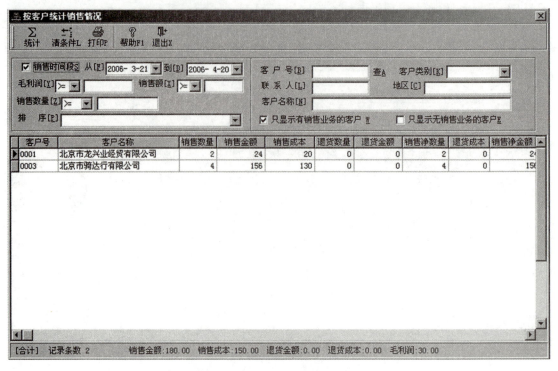

图8-2-15 按客户统计销售情况

（四）营业日报表

营业日报表是对任意一天内汽车维修和汽车配件业务交易金额的分类汇总。它包括日初库存余额、出库总额及其细节、入库总额及其细节、本日库存余额、本日营业总额及其细节、本日营业净额、本日营业成本总额、本日成本净额和本日毛利润。

选择菜单"报表"→"营业日报表"选项，系统弹出"营业日报表"窗口（见图8-2-16）。

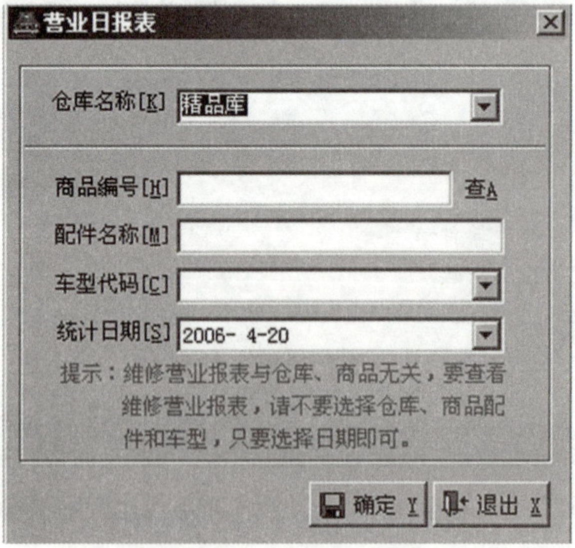

图8-2-16 营业日报表

相应地,可以对营业周报表、营业月报表和营业报表进行统计分析。

在线测验

 成果提交

成果提交

拓展提升

一、拓展任务

拓展任务

二、拓展训练
1. 怎样使用计算机管理软件操作汽车配件的入库单?
2. 怎样使用计算机管理软件分析企业的盈亏情况?

参 考 文 献

[1] 张毅. 汽车配件市场营销 [M]. 北京：机械工业出版社，2007.
[2] 宓亚光. 汽车配件经营与管理 [M]. 北京：机械工业出版社，2009.
[3] 林风. 汽车配件管理与营销 [M]. 重庆：重庆大学出版社，2009.
[4] 孙凤英. 汽车配件与营销 [M]. 北京：机械工业出版社，2011.
[5] 上海市职业培训研究发展中心. 汽车配件销售员 [M]. 北京：中国劳动社会保障出版社，2009.
[6] 倪红. 汽车备件管理 [M]. 北京：人民交通出版社，2009.
[7] 韦焕典. 现代汽车配件基础知识 [M]. 北京：化学工业出版社，2009.
[8] 夏志华. 汽车配件市场营销 [M]. 北京：北京理工大学出版社，2010.